高校英语教学理论与方法研究

翟慧姣 王金环 王校英 著

延邊大學出版社

图书在版编目（CIP）数据

高校英语教学理论与方法研究 / 翟慧姣，王金环，王校英著. -- 延吉：延边大学出版社，2022.7
ISBN 978-7-230-03536-1

Ⅰ. ①高… Ⅱ. ①翟… ②王… ③王… Ⅲ. ①英语－教学研究－高等学校 Ⅳ. ①H319.3

中国版本图书馆 CIP 数据核字(2022)第 127589 号

高校英语教学理论与方法研究

著　　者：翟慧姣　王金环　王校英
责任编辑：王志伟
封面设计：品集图文
出版发行：延边大学出版社
社　　址：吉林省延吉市公园路 977 号　　邮　编：133002
网　　址：http://www.ydcbs.com
E-mail：ydcbs@ydcbs.com
电　　话：0433-2732435　　传　真：0433-2732434
发行电话：0433-2733056　　传　真：0433-2732442
印　　刷：北京宝莲鸿图科技有限公司
开　　本：787 mm×1092 mm　1/16
印　　张：9.5　　　　　　　　　字　数：152 千字
版　　次：2022 年 7 月　第 1 版
印　　次：2023 年 10 月　第 1 次印刷
ISBN 978-7-230-03536-1

定　　价：68.00 元

前　言

随着经济的全球化发展，世界各国和地区间的政治、经济、文化交往日益频繁，掌握并熟练应用外语是进行国际交往的前提。英语是世界上公认的国际语言之一，学好英语并实现英语的综合应用，对于有效开展国际交流、促进国家及个人发展的意义重大。

高校承担着培养各类人才的重任，如何有效开展大学英语教学、提高学生的英语综合应用能力，是摆在高校及高校教师面前的重要任务。

当前，在我国的高校英语教学中还存在着一些问题。例如，传统的教学模式已经不能适应时代的发展需要，教学方式和教学手段相对落后，只重视英语单词和语法的背诵记忆、忽视口语和写作的训练等，这些都对有效提高学生的英语综合应用能力产生了阻碍。因此，加强高校的英语教学改革、提高学生的英语综合应用能力，是培养英语应用人才的关键。

本书以高校英语教学现状为出发点，进一步探究有效的英语教学理论与教学方法。在广泛查阅国内外成功的英语教学改革经验的基础上，提出在教学改革中将理论和实践相结合、应用信息技术等，可以取得令人满意的教学效果。书中对相关的教学模式和教学方法进行了阐述，希望能对高校英语教学改革和英语人才培养提供帮助。

目 录

第一章 高校英语教学概述 ···1
第一节 高校英语的教学现状 ··1
第二节 高校英语的教学困境 ··5
第三节 高校英语的教学改革 ··9
第四节 高校英语的教学发展 ··13
第五节 高校英语中的文化教学 ··18

第二章 高校英语教学模式研究 ···25
第一节 高校英语教学模式概述 ··25
第二节 结构和认知取向的英语教学模式 ··30
第三节 功能取向的英语教学模式 ··34
第四节 任务取向的英语教学模式 ··38
第五节 社会文化互动取向的英语教学模式 ··44
第六节 全语教学模式 ··48

第三章 高校英语课堂教学研究 ···50
第一节 慕课与高校英语课堂教学 ··50
第二节 "互联网+"背景下的高校英语课堂教学 ································54
第三节 互动策略与高校英语课堂教学 ··57
第四节 多维互动模式与高校英语课堂教学 ······································62
第五节 合作学习与高校英语课堂教学 ··66

第四章 信息技术与高校英语教学 ··70
第一节 信息技术与高校英语教学的整合 ··70
第二节 信息技术环境下的高校英语微课构建 ····································74

第三节　信息技术环境下的高校英语课堂有效教学……………81
　　第四节　利用信息技术优化高校英语任务型教学………………85

第五章　高校学生英语能力培养……………………………………**90**
　　第一节　高校英语教学中学生交际能力的培养…………………90
　　第二节　高校英语教学中学生应用能力的培养…………………94
　　第三节　高校英语教学中学生翻译能力的培养…………………99
　　第四节　高校英语教学中学生自主学习能力的培养……………106
　　第五节　高校英语教学中学生创新能力的培养…………………109

第六章　高校英语教学方法的实践应用研究………………………**116**
　　第一节　多模态的协同及其在高校英语教学中的应用…………116
　　第二节　激励教学法在高校英语教学中的应用…………………121
　　第三节　高校英语多元互动教学模式的应用……………………127
　　第四节　人文教育在高校英语教学中的应用……………………132
　　第五节　启发式教学在高校英语教学中的应用…………………138

参考文献………………………………………………………………**142**

第一章 高校英语教学概述

第一节 高校英语的教学现状

众所周知，高校英语教学承担着教书育人、开阔学生眼界的责任，但是目前的高校英语教学中也存在一些难题，例如教学目的缺乏有效性、教学方式固定化、教学设计简单、教学指令不清、教学互动不足、学生的终身学习能力和学习兴趣培养不足，以及师资力量参差不齐等。

一、目前高校英语教学中存在的问题

（一）教学目的缺乏有效性

师者，传道授业解惑也。教师作为英语教学的引路人，对学生的英语学习起到重要的促进作用。在我国高校中，存在个别英语教师经常提问一些通俗化的问题，或者提问一些学生能直接找到答案的问题，而这些问题大多缺乏有效性和实证研究，以至于学生在回答中空耗课堂教学时间。总之，如果英语课堂上教学目的缺乏有效性，题设不明确，会造成教学主体和教学对象思维固化，甚至出现无效思维和乱序思维，忽略了真正的教学目的是高效。

（二）教学方式固定化

高等院校教学方案往往是根据本校教学培养方案来制定的，然而我国大多高校培养方案多年不做更新，这就直接导致教学方式的固定化。一些教师沿用多年前的教案和PPT，教学内容和教学方式固定，教师主动进行知识扩展的很少之。对于学生来说，一方面他们接受的教学内容是教师多年教学经验和知识精华的总结，只需要快速吸收即可；另一方面，部分教学内容与当今社会实际相脱节，学生不能明辨是否过时，甚至出现不敢质疑的现象。从长远来看，这种咀嚼式教学没有多大益处，可能导致一些学生丧失理性思维和批判性思维。

（三）教学设计简单

在高等院校教学中，经常看到这样的现象，即通过翻转课堂及探究式学习来提高学生的独立思考能力和创新能力。然而就实践来看，大多数学生停留在"看热闹"的状态，一方面对教学内容缺乏"少而精"的提炼，另一方面折射出教师的教学设计过于简单、缺乏可操作性。

（四）教学指令不清

在探究式学习中，由于教师的教学指令不清，常常出现学生讨论内容不清晰，也不知道如何融入小组教学活动中去，导致个别学生无事可做，小组组长成了探究的主体，承担了小组探究的全部任务，而其他学生则成了教学的旁观者，造成了课堂时间的大量浪费。

（五）教学互动不足

所谓高效的教学课堂，即为教学主体和教学对象共同参与的课堂，这也是经常提到的教学相长型师生互动关系。但在高校英语教学中，教师通常在课堂上以自我为中心，使得学生找不到与老师的契合点和互动点，课堂上达不到良好的互动状态。在课堂教学中，英语教师经常"question"学生，然而学生只是为了回答问题而回答问题，从而"get"不到师生良性互动的那个点，导致互动效应难以实现。

（六）学生的终身学习能力和学习兴趣培养不足

目前，大多数高校的英语教学，除了英语专业外，基本上安排在大学一年级和二年级进行，很多一年级、二年级学生完成了英语学习以后，到了三年级、四年级，一些学生还想继续进行英语学习和深造，却又无法进行，最终导致两极化分化现象的出现，学生的学习兴趣难以培育、终身学习能力难以维持，进而导致学生对英语教学产生厌倦感。

（七）师资力量参差不齐

现在，部分高校面临着英语教师欠缺、骨干教师和外国英语教师引进困难且流失严重等现象，使得部分高校英语师资力量薄弱。此外，很多高校的英语教师多为本科和硕士研究生学历，博士研究生学历的教师占比较少，师资力量参差不齐，影响教学质量的提高。

二、高校英语教学的对策与设想

（一）多措并举提升自身素质

英语教育作为一种基本素质和技能教育，长期被放在专业人才综合素质培养的位置上，高校英语教学的目的是培养学生的英语综合应用能力，特别是听说能力，为今后的工作和社会交往打下坚实的基础，同时增强其自主学习能力，提高综合文化素养，以适应我国经济发展和国际交流的需要。我们应该注重和加强英语的学习实践能力，多开展一些可以让学生们自发地学习英语的活动，如英语角、英语活动周等，并积极组织学生参加各种英语竞赛活动。同时，教师要帮助学生树立终身学习英语的信念，帮助学生制订切实可行的学习计划，结合课堂教学，系统地介绍英语学习策略和学习技巧，创造条件实现师生间的多渠道交流，激发学生学习的积极性与主动性等。当然，英语教学也需要制定分级教学原则，即因材施教，在教学方法上针对不同个性的学生做出相应的改变。

（二）增强自主探究能力

作为当代大学生，要不断增强自主学习的能力，不能完全依靠教师的督促，需要学生们以更加积极的心态面对学习任务，不断提高自主探究能力。教师要明确告知学生提高对高校英语重要性的认识，激励学生的学习积极性，使学生逐渐养成主动学习的习惯。

（三）立足本校实际

高校要结合本校实际情况，明确当前英语教学中存在的问题，如学生学习积极性不够强、学习氛围不够浓厚、教学资源不够丰富、教学改革力度不大，以及教学质量有待进一步提高等，针对这些问题认真整改，研究解决问题的措施。

目前，在高校英语教学中存在的这些不足，反映出部分高校教育体制中存在的弊端。高校教师要努力完善自己，不断吸收先进的教育理念，并将其与教学实践相结合，更好地开展英语教学工作。

第二节 高校英语的教学困境

当前,在知识经济全球化的时代背景下,对个人的知识能力和素质能力提出了更加全面的要求。高校承担着教书育人的重要任务,是学生系统掌握英语知识的重要时期,但从我国高校的英语教学现状来看,仍以应试教育为主,辅之以少量的实践教学。这种现象造成很多学生只会被动地汲取知识,严重挫伤了学生的自主学习意识和探究学习意识。本节就高校英语教学中面临的困境进行探讨,旨在帮助学生养成良好的英语学习习惯,进而促进学生全面、均衡发展。

一、高校英语教学面临的困扰

(一)"高投入,低产出"问题严重

"高投入,低产出"的问题是制约我国英语教学发展的因素之一,主要表现为在初中、高中阶段,英语作为通识课之一受到教师和学生的重视,但到了大学之后,英语分为公共英语和专业英语,英语专业的学生在大学阶段能够深入钻研英语,而一些院系则只开设两到三个学期的英语课,导致这些院系的学生对英语的学习深度不够,英语学习能力较强的学生为数不多,从而出现"高投入,低产出"的现象。除此之外,高校对于学生的英语学习和应用能力的培养程度不够,忽略了对学生的英语听说能力的培养,致使英语应用型人才严重不足。

（二）学时与分级教学的再增加

以目前高校的培养计划为例，每年的英语学时都较上一年有所增加，但实际的教学效果却不好。各大高校比较重视对学生的英语听、说、读、写能力的培养，想要改变"哑巴英语"的现状，不仅如此，还越来越重视全国大学英语四、六级考试，甚至与学位证书挂钩，将高中的应试教育延伸到大学阶段。尽管许多高校大力推崇素质教育，但实际上还是"以分数论英雄"，这不仅损害了学生的自信心，而且还挫伤了学生学习英语的积极性。

（三）缺乏严谨的教学方法和教学管理制度

目前，个别高校的英语教学纯粹是为了完成教育部下达的任务要求，对于学生旷课、早退等行为置之不理，临近期末考试时，教师将考试范围甚至考试题目直接告诉学生，导致一些学生在英语课堂上"混日子"现象的出现。除此之外，还有部分高校，英语教师让在读的英语硕士研究生代课，他们缺乏教学经验和相关的理论知识的积累，致使这些高校的整体英语水平下滑，英语教学管理制度成了一纸空文。

（四）网络语言的负面影响

随着互联网时代的到来，大量的网络语言和流行语也随之出现，这对英语教学的影响很大，使得一些本来英语成绩就不好的学生加剧了对英语的不准确认识，给英语学习带来负面影响。负面的网络语言带来教育质量的下滑，进而造成学生个人品质的下降。这种连锁反应往往是在不知不觉中产生的，如果学生对网络语言不加以仔细辨别，极易误入"歧途"，这些都会给高校英语教育带来了很大的冲击，亟待改革。

(五)单纯传授知识而缺乏实践教学

我国的高校英语课,无论是在内容上,还是在教学上,很多都是在教室中上课,与线下实践在不同程度上存在脱节现象。而实际上,英语教学应是非常重视应用型实践的,它的主要目的在于培养学生的实际交流能力,若单纯采用灌输式的教学手段,则是无法达到教学的预期效果的。作为英语教学实践的主体,学生应多参加各种英语交流活动,但目前很多时候,这些英语交流活动基本上是流于形式的,没有起到真正的作用。

二、提高高校英语教学创新的举措

(一)转变教师的教学理念

在终身教育背景下,全国大学英语四、六级考试不应是英语教学的终点,而把分数作为衡量学生学习程度高低的思想也是错误的。教师要不断转变教学思想、完善教学大纲、改进教学方法等,应注重夯实学生的知识基础,提高学生的综合素养。学校要切实做好学生应用能力的培养,积极转变教师的教育理念,把英语听、说、读、写能力放到英语教学的重要位置,切实提高学生的英语综合运用能力。从英语教学的能力来看,听、说的应用率要高于读、写,因此在教学中单纯地强调读、写能力,很容易造成学生对知识的遗忘,高校英语教学的改革必须放在提高学生听、说能力的应用上来。

(二)授课方法力求多元化

目前,很多高校的英语教学方法单一,仍然沿用传统的授课方式,使得学生思维固化严重,教师一味地进行"灌输式"教学,会让学生感到枯燥无味,与高校提倡的"自由、独立"相违背,导致很多高校学生认为高校是高中教育的再重复，缺乏创新性。因此，高校要抓紧突破传统教学模式的瓶颈，采用多元化的授课方法，促进学生创新素质和创新能力的提升。例如，可采取小班制教学，将班级学生人数控制在 30 人左右，教师根据学生的个人能力进行授课，同时辅以灵活多变的教学手段。

（三）创造轻松的学习氛围

有研究表明，学生在相对轻松的学习环境中更容易学到知识，也能提高学生的自信心和学习积极性，而在相对压抑、紧张的学习环境往往不利于学生进行语言学习。因此，在教学过程中，教师要营造积极的学习氛围。例如，在学生尚未准备好的情况下，不要求学生回答问题；对学生的意见不要一味地纠错，要看到学生创新能力的一面；在口语练习中，适时地给予学生帮助和指导。

（四）推动英语教学的信息化和现代化

在网络环境下开展高校英语教学，对于推动教学资源重新组合，改善英语教学现状具有非常显著的意义，通过书面知识以外的英语信息的补充，可推动英语教学的信息化。不仅如此，英语教师还可以通过网络授课、微课堂，实现教学内容与现代信息技术的融合，让英语教学不再枯燥乏味。此外，教师还要结合教学实际，选择不同的教学内容，满足学生多样化的需求，实现网络教学的优化。高校教师要不断学习新的知识，使教学内容在课件、微课的制作上更有创意，为促进英语教学质量的提升提供便利。

第三节 高校英语的教学改革

近年来，我国的信息技术在快速发展，互联网已经渗透到各行各业，人们的生活、学习和工作已经离不开互联网，而互联网、物联网及社交网络的介入让数据的增长速度越来越快，大数据时代已经全面到来。在大数据时代下，充分挖掘和利用大数据是当前人们关注的热点问题之一。教育行业也一样，教育的大数据给高校英语教学带来很大的冲击和影响，也给高校的英语教学带来一定的机遇，因此高校英语教学应积极探索改革路径，顺应时代的发展需要。

随着信息产业和互联网的不断发展，各种数据的增长速度越来越快，人们的生活被各种数据充斥，海量的数据被充分挖掘和利用以促进各行各业的发展，其构成了大数据时代的要素。在大数据时代背景下，人们的思维方式和生活方式都发生了巨大的转变。大数据时代表现出其独有的特征，具有更大的数据容量、更多的数据种类，并且数据的生成速度更加快速，往往在一瞬间就生成了大量的数据。大数据时代的数据价值密度更加分散，正是由于数据太过庞大，而其中具有重要价值的数据所占的比例较小，人们对有价值的大数据挖掘和利用的难度不断增加。此外，大数据的呈现方式为可视化，人们可通过直观的方式来了解和掌握大数据的变化。

大数据时代的这些特征改变了人们的生活方式和思维方式。大数据时代的数据非常庞大和繁多，整体大于离散，海量数据总体的特性要比离散的特性更大，并且各种数据混杂，人们要想掌握事物总体的发展趋势，就要接受混杂的数据信息，而非一味地追求精确。在大数据时代，海量的数据在流通，人们更容易获取各种数据，而这就为高校的英语教学提供了新的平台，高校应该正确使用这一平台,来促进英语教学的改革。教师可就大数据时代高校英语教学改革进行探析,阐述教育大数据对高校英语教学的影响,提出大数据时代高校英语教学改革的有效途径。

一、教育大数据对高校英语教学的影响

教育大数据对高校的英语教学造成了强烈的冲击,成为高校英语教学改革的重要因素。从以往的高校英语教学来看,人们常常通过专家评判来判断一堂英语课的质量,也从教师的课堂设计环节是否合理、各个环节之间的关联是否有逻辑性、教学活动的设计和教学目标是否契合、课堂上提出的问题是否有效等来评判一堂英语课的成功与否。这种评判方式虽然看起来非常科学、合理,但却缺乏对学生上课体验和上课感受的重视,专家、教师等根据自己的经验来对学生的体验进行假想,这种做法忽视了学生的情感体验。学生才是课堂的主体,要真正了解学生的听课效果,要通过可靠的数据和技术来进行分析和评判。教育大数据时代的到来,运用大数据分析技术进行评判取代了专家的评课,其以实实在在的数据来对每一节课的质量进行分析。教师的每一堂课和学生的每次听课都会生成相关的数据,通过对这些数据的分析,就能够了解教师的授课水平,也能够了解学生的听课效果、了解学生对课程的喜欢程度。大数据让学生的听课感受得到显现和量化,通过大数据能够更加清晰地分析学生的课堂需求和对课程的学习态度,教师可以从学生的实际需求出发,对教学方式进行改革和创新,以取得更好的教学效果。

二、大数据时代高校英语教学的改革途径

(一)实现课上数据和课下数据的有效融合

在大数据时代,要想对高校的英语教学进行改革,首要的任务就是将课

上的数据和课下的数据有效地融合，以对英语教学的理念和思维进行革新。现阶段，大数据充斥着整个教育领域，课堂上教师的行为、语言，以及学生的动态行为等都可以转化为数据，而这些数据都可以被利用起来，为教学改革提供参考。但仅仅从课堂上学生的语言和行为方面来分析，往往难以准确、全面地分析学生的成绩及其对英语学习的态度，教师还应充分利用课下的数据，加强对学生日常活动的分析。例如，可以搜集学生访问网络的数据分布，来分析学生在线学习的行为，包括学生在课后是否会访问英语相关的学习网站、访问哪种类型的学习网站、在学习网站上停留的时间等，实现对课上和课后数据的采集分析，对学生进行多角度和多层面的评估，以此来帮助教师更全面、准确地了解学生的喜好，把握学生的英语学习态度、英语学习兴趣，以及英语学习风格等，为课堂教学活动的设计提供参考。

（二）促进教学资源的多元化转变

在传统的高校英语教学中，课堂教学内容以教材上的知识为主，教学资源比较单一且非常有限，英语教学倾向于各种机械训练，教师不注重学习资源输入的多样化。在这种教学模式下，学生的学习效果往往难以得到有效提升，学生的学习主动性受到打击，并且英语应用能力也难以得到显著提升。

而在大数据时代背景下，教师可以充分利用网络上的各种数据和资源来丰富英语教学资源，使学生的英语学习内容更加多样化，让学生多学习课本以外的知识，不仅能拓展学生的视野，还能够有效激发学生的英语学习积极性，培养学生的英语学习兴趣。在大数据时代，教师可以将大数据库中的影音、数据、图像等学习资源灵活巧妙地融入英语教学中，通过多样化的学习资源呈现方式来吸引学生的注意力，激发学生的学习兴趣。

总之，大数据时代让高校英语的教学资源更加丰富，学生不仅能够从教材中学习到英语知识，而且能够利用互联网学习到更多的英语国家文化，还可以通过视频、音频、图片等获取更多的知识。大数据的应用，可以促进高校英语教学和社会实践的有效结合，以此来拓展学生的视野。

（三）应用多种教学模式

在以往的高校英语教学中，教师一般采用传统教学模式来开展英语教学，即教师在讲台上讲解相关知识，学生在座位上听讲，这种教学模式存在多种弊端。而在大数据时代，出现了各种新的教学模式，包括翻转课堂、微课和慕课等，教师可以灵活地将多种教学模式应用到英语教学中，以此来完善、改革英语教学模式，营造现代化的高校英语教学课堂。翻转课堂、微课和慕课是大数据变革教育的重要体现，这些教学平台可以通过海量的数据将学生集合在一个课堂上，促进师生之间及学生之间的有效互动，也能够实现学生和机器人的互动。

在大数据时代，高校英语教师应充分利用各种高效的技术手段和多种教学平台。从实际情况来看，使用大数据来支持多媒体教学的英语教学已经占据很大的比例，而充分利用大数据来开展英语教学能够吸引学生的注意力，激发学生的学习兴趣，让学生对更具有活力和更新鲜的大数据支持下的教学模式保持兴趣和热情，而这也是高校英语教学的重点内容。

高校英语教师应该学会利用各种教学工具、应用新的教学模式，为自己的英语教学提供帮助。高校英语教学的目标只有一个，就是要帮助学生熟练地掌握英语这门语言，而要实现这个目标，教师必须利用一切可以利用的资源和教学工具。教师要让学生充分认识到英语是一门实用性较强的语言，必须在实际生活中经常应用与实践，才能真正掌握这门语言。

（四）整合数据实现个性化教育

在大数据时代，高校英语教师可以整合相关数据，来实现对学生的个性化教育。在大数据时代背景下的英语教学中，人们对每个学生不再采用平均的标准来衡量，教师也不能简单地应用平均水平来教学，而是应该关注学生个体，实现教学的个性化。现有的高校英语教学是以班级为单位进行的，个体需要服从群体习惯采用平均数来教学，而大数据能够帮助教师了解学生的更多、更准确的学习细节，将每个学生的学习轨迹都记录下来，加强对每个学生学习行为的分析，从而预测学生的学习难点，并针对个体提出对应的解决方案。这样就能够实现学生的个性化学习，真正做到因材施教，确保每个学生的学习能力都能得到提升。

每个学生都有独特的地方，高校英语教师应充分发挥他们的特长，展开个性化教学。以前，由于技术的限制，高校英语教师不能很好地实施自己的个性化教学。如今，在大数据时代，教师完全可以利用大数据的优势，发掘每个学生的优势，根据每个学生的具体情况制定个性化的档案，确保每个学生的学习都能取得进步。

在大数据时代，教师应充分挖掘并利用大数据资源，将课上数据和课下数据有效融合，革新教学理念，实现教学资源的多元化转变，不断丰富英语教学资源，将慕课、翻转课堂，以及微课等基于大数据支持的教学模式灵活地应用到英语教学中，丰富教学手段，完善教学模式，提高教学质量。除此之外，还可以整合各种数据来实现对学生的个性化教育，真正做到因材施教。

第四节 高校英语的教学发展

我国高等教育英语教学已经经历了数十载的发展，在不断优化、创新、改革中探索出了一条适合高校学生的英语学习之路，并取得了重要的成果。在新时期、新环境中，社会对于学生英语素质的要求逐步提高，而这对于高校英语教育既是一个机遇，又是一项挑战。如何有效发展英语教学，并符合时代要求，将成为当前高校英语教育的重要突破方向。在这条探索之路上，英语教育需要克服传统教育的束缚，不断创新、创造满足当前社会的全方位需求，彰显高校教学勇于改革的精神，并传递新时代高校科学育人的理念；

深入对英语教学各个环节进行探索，并对发展与融合的思路进行延伸，挖掘英语教学的真谛，将是高校英语教育改革的重要突破口，进而实现英语教育的价值。

高校英语教学作为素质教育的重要一环，其作用不言而喻。随着时代的发展，英语教育的功能性与实用性也发生了诸多变化，高校在不断探索、发展中挖掘英语教育的价值，并将其作为高校教育改革的重要突破口，促进学生更好发展。高校英语教学从无到有、从理论到实践是一个漫长的过程，从最初一小批教育工作者到当前一大批教育工作者，中国的高等英语教育走过了漫长的岁月，但始终坚持以发展为中心的教学理念，并在改革、创新中不断融合，最大限度地实现了英语教学的价值，为社会培养了一大批高素质的英语人才。随着时代的发展，社会各方面对学生的英语素质要求发生了变化，高校在英语教育探索中受到各种因素的制约，遇到了不少问题，如英语教学质量下降、学生口语能力偏弱等，都成了当前英语教育需要克服的问题。因此，这里以高校英语教学的发展与融合进行研究分析，希望能促进高校英语教育的发展。

一、高校英语教育改革研究

（一）全国大学英语四、六级考试教育改革

随着经济全球化的发展，社会对人才英语素质的要求发生了改变，英语应用能力逐渐成为社会对人才进行判断和考核的重要标准，而最直接、有效的体现就是英语等级考试。近些年，我国英语教育大胆创新改革，而其中大学英语四、六级考试就是改革创新的重点。改革是为了更好地适应社会的发展，突出教育的意义，适应人才的选拔要求，因此改革是发展的动力，把握人才培养目标将是实现英语教育价值的根本途径。在全国大学英语四、六级等级考试还未改革前，英语教育质量难以得到有效提升，束缚了学生的创造

和创新能力，难以发挥英语的实用价值。而到了 2006 年，我国颁布了新的全国大学英语四、六级考试要求后，英语教育效果有了很大提升，并在社会上获得了积极的评价。

总体来说，全国大学英语四、六级考试改革主要体现在以下几方面。第一，评分机制的创新。由以往的满分 100 分改为了满分 710 分，考试的结果是以成绩单的形式进行分数说明。第二，考试内容的创新。分数调整变化很大，相应的题型变动也增多，最直观的体现就是分数增加、考题内容也增多，难度也有所提升，并且加大了英语听力题型的比重，加入了短文听写的内容，而阅读部分的比重则有所下降，还增加了综合测试内容，但写作所占比例没发生变化。从中不难发现，全国大学英语四、六级考试对于人才选拔的要求在不断提高，难度也在加大，并且更加侧重英语的综合性考核，而这次改革成为英语教育改革的重要参考依据，进一步推动高校英语口语教学。

（二）英语教学辅助工具的创新

从目前来看，我国英语教育方式多种多样，多样化的教育方式伴随着多样化的教育辅助工具。随着英语教育的不断发展，英语教育辅助工具也在不断更新与丰富，而这些辅助工具的出现也成为学生学习英语知识的重要突破口，越来越多的科研机构花费大量财力、物力去研发英语教育辅助工具，以提高学生的学习效率。而在当前教育中最典型的英语教学辅助工具是多媒体设备，它是信息化发展的产物，它是众多英语教学思想、方式的融合体，因此多媒体教学当前也是英语教育中不可缺少的一环，随着社会信息化程度的加深，其地位也越发凸显。传统的纸质教辅工具逐步让位于网络等新型教辅工具，而英语教育也朝着信息化、多元化的方向发展。英语教育将不再受限于纸质书籍，教师可以利用多种方式进行英语辅导教学，如应用多媒体技术教学、手机移动端教学，甚至基于网络信息化平台开展英语教学等。不过，教学辅助工具的应用很容易导致教学脱离教学课程实际的现象出现，而这也是当前英语教学改革探索之路上需要解决的问题。

二、高校英语教学发展与改革要求分析

（一）需要专业化的师资力量

近些年，我国的高等教育取得了突飞猛进的发展，而这也伴随着高校招生规模的不断扩大。招生规模的不断扩大，给高校资源配置带来了严峻考验，其中高校英语师资力量将成为关键。在新的形势下，对高校英语教师提出了如下要求：第一，高校教师数量必须满足对学生开展教学的要求。第二，教师的专业化程度要不断提高，能够对学生进行科学的培养。第三，教师要具备较高的创新、创造能力，能适应教育现代化的发展需要，不断提高自身的教育能力水平，能够满足学生对于英语教学的各项需求。不过，从目前的情况来看，很多高校并不能达到这些要求，不仅英语师资数量不满足实际需要，而且很多教师的专业素养也有待提高，因此打造专业化的英语教师团队，将成为英语教育改革的重点。

（二）满足社会经济发展需求

社会的发展对于人才的选拔有着直接的影响，而这也将成为高校英语教育改革的重要参考依据。因此，高校在不断推进教育改革的同时，还要满足社会的需求，英语教育要与社会发展相联系，突出英语教育的重要功能，促进学生的全面发展。从人才选拔市场上对人才的需要来看，英语素质能力已经成为人才选拔的重要参考点，越来越多的企业需要具备较高英语专业能力的人才，来满足企业全球化发展的布局。因此，对于人才的培养，高校应根据社会的实际需要，进行全方位的调整，以适应社会发展的趋势，并在英语教育方式、教育内容上进行创新，逐步实现高校英语教育的发展。

三、高校英语教学发展与融合的思路探索

（一）不断优化教学模式，强化英语侧重点

在目前的高校英语教育中，很多高校以培养学生的阅读能力为中心，忽略了对学生英语综合能力的培养。很多高校的英语教学权重是根据全国大学英语四、六级考试标准而定的，在这个考试中，对学生阅读能力的考核比重最大，因此一些教师就认为学生阅读能力的强弱决定考试的结果，所以越来越多的高校教师将教学重心放在阅读训练和阅读理解上，着重英语语法教学与阅读教育，以提高学生的考试通过率。2006年考试改革以后，阅读权重下降，听力比重大幅上升，因此教师应该将学生的英语综合能力训练放在首要位置，在日常教学中加强对学生的英语听、说、读、写能力的培养，并注重加强现实生活的模拟，加强英语语言交流，促进学生更好地发展。

（二）优化教学环境，积极推广信息化教学

传统的英语教学已经不能满足当前高校英语教学的要求，在传统教学模式下，学生将更多的时间投入书本内容和笔记记录上，不利于学生的思考与知识探索。高校及英语教师应根据信息时代的发展需要，积极引入信息化的教学手段，给英语课堂营造较好的学习氛围，促进学生的英语学习。

当下，多媒体技术已经运用到了教育教学的各个场景中，因此在开展高等英语教育时，就要充分利用多媒体资源，突出多媒体教育的优势，如融合视频、声音、动画、测试等多个功能，为学生创造良好的学习环境，提高学生的学习兴趣，强化学生的学习效率。除此之外，很多高校设置了网络课堂等信息化教学平台，学生借助这些教学平台进行学习，可以拓宽知识面、促进英语学习、提高英语学习的效果。

（三）打造科学、标准化的师资教育团队

教师力量是高校教育改革发展的重点，只有在具备良好师资力量的条件下，才能充分发挥英语教育的功能，促进学生综合能力的发展。在当前的高校英语教育改革中，英语教师除了要具备专业的英语教育能力与英语教学经验外，还需要具备综合性的教学能力，如信息化能力、创新创造能力等。教师在师德、政治理念上也应该有出色的表现，具备良好的责任心理，能够发挥积极带头作用，不断吸取新的教育教学理念，提高自身能力和教育教学水平。

因此，高校在打造科学、优良的教师团队时，应该给教师创造更多自我能力提升的条件，如安排英语教师参加专家讲座和学术会议等，制定资深教师对年轻教师进行传、帮、带的指导策略，提高教师的教学水平，进而提高整体的师资力量水平，促进学生的发展。

第五节 高校英语中的文化教学

目前，在高校英语教学过程中存在着部分文化教学缺失的现象，而且这种现象越来越普遍。高校的文化教学缺失基本表现为仅停留在表面的文化教学上，不能从真正意义上来满足语言是文化载体的基本理论要求。事实上，如果教师不能很好地掌握英语的文化背景等相关知识，是不能很好地开展英语教学的，也是无法真正做到将语言教学与文化教学相结合的。

一、英语教学中文化教学的重要性

20 世纪 20 年代，美国语言学家 Sapir 曾指出：语言需要一个环境，它不

能脱离社会传承下来的传统和信念，不能脱离文化而存在。因此，如果想要真正做到语言表达适当，就一定要对其文化背景有所了解，语言及其应用本身是无法脱离文化背景而独立存在的。语言是一种民族文化的表现与载体，其运用方式集中展现了不同民族的文化特征，因而如果不了解该民族的文化，也就无法切实学好该民族的语言。我们应当充分认识到这一点，在英语教学中不仅要介绍语言知识、带领学生进行各项技能训练，而且要把这种训练植入文化教学的大背景中去，使学生能够真正掌握涵盖文化的语言语用能力。

（一）文化的一般内涵

文化的概念是比较广泛的，泛指在社会历史发展历程中一个国家和民族所创造的物质文明和精神文明的总和。针对英语教学的具体内容来说，也可以具体指英语国家的风土人情、文学艺术、历史人文、传统习俗、生活方式、地理风貌、行为规范和价值观念等，而且涵盖面很广。

（二）英语教学的本质

英语教学不应该是单纯的语言知识的教授，它还应当包括文化知识的传播。越来越多的人已经意识到，交际能力不仅包括听、说、读、写能力，还应当包括与不同文化背景下的人们进行得体交际的社会能力。在高校英语教学过程中，应注重对学生的交际能力和语用能力的培养，这就要求学生了解英语国家的文化，这样才能更好地应用和理解语言使用的背景知识。

（三）语言与文化的关系

学习语言的人都知道，语言和文化是分不开的，语言是文化的载体，文化是语言的根基，只有依托不同的文化背景知识，才能顺利地进行语言交流，只有了解英语国家的具体文化背景，才能更好地提升自身的语言应用能力。

二、英语教学中文化教学的内容

在英语教学中，如何帮助学生了解英语文化，怎样通过对西方文化的学习来引导我们活用语言，是当下英语教学的一大难题。在英语教学过程中嵌入的文化教学，包含的具体内容主要有以下四个方面。

（一）文化因素

跨文化交际中的社会准则，是指人们在交际过程中必须遵循的规则及某些特定的风俗习惯，例如相互之间的称呼、初次见面打招呼、彼此的问候、道歉及打电话等规范用语，还有中国人的整合思维与欧美人的归纳式思维等思维特征。如果教师和学生能充分了解这些文化上的差异和表达习惯，会使得跨文化交际变得更加顺畅和得体。

（二）文化知识

在了解西方文化时，不应局限于文化因素方面的学习，还要不断扩大知识面，多层次、多角度地了解英语国家的经济、政治和文化等。因此，教师应当在教学过程中打破常规，不拘泥于手中的教材，为学生补充大量的阅读材料或书目，在英语教学过程中指导学生多阅读与西方文化相关的读物等。学生应深入了解这些文化知识，扩大自己的知识储备，不但能培养自身的辩证思维方式、拓宽视野，而且能有效地促进英语语言的习得。

（三）词语的文化内涵

学习英语的一大难题是如何掌握词语文化的差异，学生在学习中常常出现将熟悉的词汇放到句子中之后，就不能很好地理解它的含义的现象。因此，无论是教师，还是学生，都应当抓住英汉词语、词组的对应性和不同的文化内涵，以及表现特定文化内容的成语、习惯用语等。

（四）话语及语篇的文化差异

在英语交流过程中，需要格外注意中西方文化的差异，无论是在话题的选择、语法的选择上，还是在词语的组织上，要尽量做到使用安全，例如避免谈论政治话题、尽量采取直接表达法、了解国外的禁忌语等。此外，还要了解手势、姿势和体态等非语言形式的文化知识，这也是英语学习中需要注意的重要方面，如果这些方面掌握得比较好，就会使交际更加有效。在英语教学过程中，教师可以选择一些介绍此类文化背景的材料供学生学习。

三、部分高校在英语文化教学方面存在的问题

（一）师资结构不合理，教师文化素养薄弱

当前，很多高校还是采用单一的知识传授方式，在跨文化方面的教学力量和教学方法相对薄弱。高校教师队伍两极分化现象比较严重，一方面，一些高校高薪聘请到来自重点院校的老教授和兼职教师；另一方面，高校中刚毕业的年轻专职教师居多，缺乏教学经验。老教授沿袭传统的教育方式，年轻教师则是传统教育方式培养出来的，两者的文化素养都相对薄弱。语言类教师的文化素养对学生能力培养的影响很大，教师的文化素养与学生对英语的学习兴趣、对知识的把握，以及综合能力的发展息息相关。由于很多高校缺乏统一的英语教学理念，这使得英语教师在整体上存在知识结构缺陷，很难将英语的文化意识、文学修养穿插进课堂教学中。虽然一些英语教师已经意识到了文化意识、文化素养对教学乃至学生能力培养的重要性，但由于自身缺乏文化综合素养，又缺少培训学习的环境，导致在实际教学中常常出现心有余而力不足的现象。

（二）教学内容针对性不强，教材中缺乏异域文化因素

目前，我国高校英语教学选用的教材并不统一，现有的教材普遍存在知识落后的现象，没有从学生的实际需求出发，教材中很少纳入异域文化因素，而只是简单地将语法、词汇等知识集合在一起，对学生今后的国际交流益处不大。目前，我国高校的英语教材普遍存在语言与文化割裂的现象，很少能够如实反映异域文化背景、人文素养和风土人情等，是单纯地为了教授语言而编写的教材，这也导致英语教学效果不佳。

（三）教学方式陈旧，教学手段落后

英语在高校中是一门基础学科，各个专业都有所涉及，因而英语教师的教学任务较重，这导致了英语教师在教学方面占用了大量时间和精力，而就很难再有时间和精力去进修和钻研教学方法。现在，大多数英语教师沿用传统的说教式教学法，该方法严重束缚了学生的语言能力发展。英语教学本应是语言互动教学，现在的学生更加喜欢多元化的教学方法，在应试教学依旧盛行的情况下，教师却忽视了新媒体的运用，其教学方式陈旧、教学手段落后，对西方的文化意识渗透更是少之又少。由于学生文化素养长期得不到相应的培养，导致学生对英语的学习兴趣受到一定的抑制，不利于英语的学习。

（四）对英语教学的重视程度不够，教学偏重不合理

在课程设置上，非英语专业学生居多的高校对英语教学重视程度不够，没有体会到在英语教学中加入文化教学的重要性。英语教学本身是语言教学，需要学生多读、多练，教师要为学生营造适宜的语言学习环境，而不应偏重语法知识、词汇等常规性考试项目的教学，可在词汇教学中融入情境教学，教学效果会比较理想。因此，在英语教学中，教师应重视文化要素的融入，逐步引导学生多了解西方的文化背景、习俗和社交礼仪等文化要素，不断培

养学生的英语学习兴趣。

四、英语教学中的文化教学策略

（一）加强对学生英语文化意识的培养

英语教师要树立正确的文化观，在教学过程中要有效纳入英语文化因素，将跨文化知识渗透到教学当中，进而实现教学目标。教师要对英语课程教学目标进行准确把握，不断提升自身的文化素养，将文化信息正确地传递给学生，在教学中必须有针对地进行课程设计，提升英语文化教学的质量。在教学中，应注重多方互动，可以将学生分成不同小组，开展小组讨论，确定各自的文化主题，各组协作搜集资料，最后进行汇报。可以对各个小组的主题设计和讨论内容进行评比，通过合作与良性竞争，不断提升学生的文化素养，并以此提高学生学习英语的积极性。教师应在教学内容中多加入历史人物、典故习俗等文化要素，通过适当引导、打破传统的教学方式整合多方资源，导入文化信息，有计划地开展英语文化教学。教师在授课过程中可以有意识地加强中西方文化的对比，引导学生通过分析文化差异来分析历史背景和文化背景的异同，从而提高学生的跨文化交际意识。

（二）整合并改进英语教材内容

在文化教学中，教师应尽可能地贯彻文化导入教学，才能利于学生形成文化概念。在教材的选择上应当慎之又慎，要顾全大局，最大限度地减少教育发展的不平衡性。在指导学生学习时，有针对性地帮助学生理解深层次的文化现象，合理地筛选教学内容。可以先了解当地文化、筛选教材，也可以组织相应的英语研讨，对教材内容进行整合和编辑，改进教学内容，采用有效的教学方法将文化教学内容融入教学中。在教材内容的整合上，需要教师有所取舍，例如选取同时代的中外作者的文章或者观点，引导学生观察和思考，深入了解中西文化的差异，然后以小组或者个人提交作业的形式，加深学生对英语文化知识的理解，帮助学生分析教材、整合资源。

（三）充分利用互联网等教学资源

在现今的网络时代，教师可以充分利用网络技术方便灵活地实施英语文化教学。教师可以通过互联网为学生创造与英语国家的人进行交流学习的机会；利用投影仪为学生直观地展示信息；通过对影视艺术的赏析，既可以提升学生的英语口语水平，又可以使学生对异域文化有深刻、清晰的感知；可以创建英语角，为学生提供多方位交流学习的机会，不断提升自身的文化素养。学生也可以帮助外教和留学生了解中国的文化，形成互助，这样既可以传播本土文化，又能学习到西方文化，提高学生的口语水平和交际能力。

（四）巧用文化导入激发学生的学习兴趣

教师可以开展英语文化专题讲座，针对某一文化现象和文化知识展开讲述，将自身的学习经历等加入讲座内容中，激励学生更好地学习英语。文化专题讲座可以有效整合分散的信息，及时发现学生的学习兴趣所在，也可以在一定程度上满足不同学生对知识的渴求。另外，还可以举办英语文化沙龙，形成学生间、师生间的英语文化知识碰撞，这样更有利于激发学生的学习兴趣。

高校的英语教学应该高度重视文化教学，要以语言教学为基础，采用语言与文化双向教学的方式，只有这样才能更好地推动英语教学改革，提高学生的文化素养，满足跨文化交流的需求，也只有这样才能真正有效地发挥英语教学的积极作用。

第二章 高校英语教学模式研究

教学模式的研究、建构和应用，一直为教学理论界和教师所推崇。教学模式是教学理论的具体化，它源于理论，又源于实践；它使教学理论实践化，又使教学实践概念化；它是理论的存在，又是实践的存在。因此，它使教育和教学理论指导教学实践成为可能，两者互动变得非常必要，也是必然。英语教学也不例外，模式化是任何学科学习的本质属性，也是学科教学的基本特点。

第一节 高校英语教学模式概述

教学模式是以教学思想、教学理论为依据而构建的模型或范式，典型的教学模式包括夸美纽斯的"观察—记忆—理解—练习"模式、赫尔巴特的"明了—联想—系统—方法"模式、布鲁姆的掌握学习模式等。我国教学模式的研究开始于20世纪80年代中期，教学模式研究主要涉及教学模式本质的界定和教学模式建构理论的研究，由于研究者研究视野的多维性，所以教学模式概念的界定呈现出多样性。钟启泉认为，教学模式是能够用于构成课程和课业、选择教材、提示教师在课堂或其他场合教学的一种计划或范型，它具有简约性、理论性和相对稳定性的特点。而顾明远则认为，教学模式是"反映特定教学理论逻辑轮廓，为实现某种教学任务的相对稳定而具体的教学活动机构"。

一、国内英语教学模式研究

中国外语教学理论界对教学模式的理解主要有以下几种：对一个系统或理论构成因素的框架式描绘；教学模式是有理论支持的教学活动的操作框架，它可能根据一定的教学理论而建成，也可由概括实践经验来形成；对语言教学理论或/和英语教学过程各主要因素本质及其相互关系等的形象性表述。肖礼全则根据教学模式在实际应用中的表现形式，将其分为抽象和具体两种意义。所谓抽象意义是指较为系统的教学理论、方法和观点，或带有规律性的、有相对固定的方法、步骤和活动的教学实践；具体意义是指用图形、表格和线条等对教学相关因素及其关系进行的框架式的、概念式的描述。

近几年来，我国高校英语教学界一直在探索一条适合我国国情的教学模式。我国适用的英语交际教学模式不仅把整个英语教学过程看作交际过程，而且把每一步也看成交际；整个教学是师生之间的交际的反复循环。该模式强调交际的互动性和情景性。在该模式中，英语教学内容是语言信息、语用信息和文化信息，语言形式被看作"为实现意义转换的工具"。这在英语教育史上无疑是一大进步，但在学生语言输入的正确、得体和流利性方面，该模式关注得不够。此外，20世纪下半叶构建的以我国国情为依据，以亿万中国人学习英语为目的的中国英语教学宏观模式，是由教学环境、教学主体、教学过程和教学结果四个模块组成的。它体现出很强的时代性，如教学过程分为实体和虚拟双轨，吸收了先进的教学理论，因为该模式把教师和学生都看作教学的主体，并提倡自主学习和任务型教学等新理念。

教学模式本质的界定除了概念界定之外，还包括对模式层次的界定。在现代英语教学中，可以发现三种层次的模式，即宏观模式（英语教学过程模式）、中观模式（大纲设计模式）和微观模式（课堂教学模式）。

近年来，随着课程改革的不断深入，我国教师、学者等在英语教学模式方面的研究取得了可喜的成绩，他们对模式的研究涵盖多个层面，还从教学方法的视角摸索教学模式，教学方法主要集中在互动、合作、任务和创新等方面，如互动教学模式、自主交互式教学模式、任务型教学模式，以及探究、合作、创新教学模式等。此外，在英语阅读课上教师、学者等也总结了许多教学模式，如问题式英语阅读教学模式、"交流—互动"英语阅读教学模式、英语语篇教学模式等。

针对以上我国英语教学模式建构的现状，可以发现当前英语教学模式的研究基本是零散的，但在总体上，模式构建的视角有以下四个：

（1）理论说：教学模式是从教学实践中形成的一种设计和组织教学的理论，并以简约的形式表达出来；

（2）结构说：教学模式是在一定的教学思想或理论指导下建立起来的各种类型教学活动的基本结构或框架；

（3）程序说：教学模式是在一定教学思想指导下建立起来的完成所提出教学任务的比较稳固的教学程序及其实施方法的策略体系；

（4）方法说：常规的教学方法俗称小方法，教学模式为大方法。

英语教学模式的发展趋势具有三个主要特点：

（1）由关注"教"的教学模式，向关注"学"的模式转化；

（2）在模式构建中，越来越体现多门学科知识的整合性特征；

（3）模式研究的理论不断深入和实验研究，逐步成熟。

在高校英语课堂教学中，我们很难发现某位教师采用了某种教学模式，但是可以发现五种程序设计常式，分别是翻译式、听说式、答疑式、网络式和交际式。翻译式是指在教学过程中，依靠母语系统讲授教学内容，熟悉课文，掌握语法规则和一定量的词汇。听说式强调用有限的句型来描写无限的句子，把英语学习的过程看作养成习惯的过程。答疑式是指教师对学生学习中提出的问题进行分类处理，讲课时围绕学生提出的共同性的、关键性的问题进行多角度、多层次的讲解或组织学生讨论。网络式要求教师和学生共同归纳、选择具有共性且富有意义的知识点，让学生通过联想把新旧信息编织起来，形成合理的知识结构。交际式是指教师选择一个功能意念项目，并设置一定的信息沟，是学生为获取所需信息而进行模拟的交往过程。

在实际的英语教学过程中，没有哪一节课可以说是用了某种纯粹的教学模式。教师只有根据教学的实际需要和实际情况，从整体的角度出发来把握教学模式的使用，融会贯通地理解和运用多样化的英语教学程序，创造性地组织教学，灵活巧妙地衔接各个教学环节，才能符合教学具有动态性与复杂性的要求。

二、国外英语教学模式研究

发达国家语言学研究起步较早，已经建立起一套完整的语言学习理论。发达国家的语言专家在对英语作为母语进行深入的研究基础上，将其中的一些理论迁移到托福教学模式中进行探讨，并总结了七种主要的英语教学模式。这七种模式在英语全球扩张的进程中迅速为各国英语教学研究者和实施者所接受，对这七种模式分别介绍如下：

（一）克拉申模式

该模式由克拉申创建，主要描写第二语言习得过程。该模式的基本思想可以概括为：第二语言能力是在较低的情感过滤条件下，通过足量的可理解输入 以可预测的顺序习得的。

（二）贝立斯托模式

该模式是由贝立斯托创建的，主要说明在形成外语能力过程中的三个层次及其有关因素的作用和组成方式。这一模式特别强调在外语能力形成过程中的形式和功能练习的作用，强调其他学科知识和文化因素对外语知识吸收的促进作用。

（三）斯特恩模式

该模式是由斯特恩创建的，它确定了外语学习的五个要素及其内在关系。这一模式的特点在于强调外语学习的元认知策略的同时，也特别指出学生本身的心理特质和身处的社会环境等外部因素的影响。五个要素分别为社会背景、学习者特点、学习条件、学习过程和学习结果。其中，社会背景包括社会语言、社会文化和社会经济因素；学习者特点包括学习者年龄、认知特点、情感特点和个性特点；学习条件是指课堂教学和自然接触；学习过程强调学习策略、技巧和大脑活动。

（四）艾伦·毫沃特模式

该模式是由艾伦·毫沃特创建的，它是一个多中心模式。根据交际的话题、题目或任务制定外语教学大纲，并采用FSE三角形学习模式。这种模式强调功能和结构分析，它首次提出任务型教学的概念，为后来任务型教学模式的建立奠定了基础。

（五）坎特林模式

该模式由坎特林创建，把学习外语看作语言形式、概念意义和人际关系的三个知识体系的结合。这种模式认为外语学习实质是在人际交往过程中语言概念的形成和正确语言形式的固化过程，它强调语言使用的正确性。

（六）哈伯德模式

该模式由哈伯德创建，是一种学习外语的交际模式，要求在客观事物的环境中进行愉快的交往。这一模式强调语言学习中的交际性，也就是信息差。它认为没有信息差的存在，就不可能有语言交际，没有实际的语言交际，也就谈不上真正意义上的外语学习。它实质上是我国交际模式的范例。

（七）蒂东尼模式

该模式为蒂东尼所创，是力图吸收其他模式之长的一种综合模式。它既借鉴了克拉申模式的情感策略，又借用了斯特恩模式中的社会影响因素，更贯彻了哈伯德模式的交际性原则。

第二节 结构和认知取向的英语教学模式

结构和认知取向的英语教学模式是分别依据结构语言学教学观和认知心理学理论而建构的。结构主义语言学认为，语言的结构是内部各个层次有意义的对立体系，掌握语言就是掌握语音、语法、词汇的各种有意义的对立体系。例如，语音中的开音节、闭音节与长元音、短元音，语法中的过去、现在、将来时态，所以在掌握语言的过程，充满了对比这种对立关系的活动。同时，由于不同语言的对立体系并不相同，要明确所学外语中的那些对立体系，对学生来说是特别困难的，所以必须通过与母语的对比来进行。这类教学模式具有理性主义教学观点，重视语言知识和利用学生的母语等特征。认知心理学和认知语言学认为，语言能力是个体一般认知能力的一部分。因此，语言不是一个自足的系统，其描写必须参照认知过程。认知法在教学过程中提倡发挥学生的智力作用，重视对语言规则的理解，而忽视语言学习中的情感因素。两种取向的教学模式中较为典型的教学法包括直接法、听说法、翻译法和认知法，下面将分别进行阐述。

一、直接法

19世纪末、20世纪初，欧洲和北美等地工业化进程加快，国际交往日益频繁，各国对外语人才的需求量迅速增长。人们发现外语人才的口语表达能力特别重要，而语法翻译法恰恰不注重学生的口语能力培养，因此在语言学领域出现了改革运动，其中以英国语言学家斯威特为代表的改革派强调口语和语音训练的重要性，推动了外语教学改革。

直接法由法国人古恩提出，后由他的弟子在美国倡导，并由教育家贝利兹在教学中实施。由于他们的推广，直接法在20世纪初流传颇广。

直接法的许多教学理念是与语法翻译法相对的，例如，直接法重视口语训练，用演绎法传授语法规则，采用母语解释难点等；而语法翻译法却重视阅读和写作能力的培养，用归纳法传授语法规则，在课堂上拒绝使用母语等。从直接法所遵循的五项原则（直接联系原则、句本位原则、模仿为主原则、用归纳法教语法的原则和以口语为基础的原则）可以看出，直接法的教学内容基本上是关注语言的句法结构，即以句型作为教学的基本单位，并且以模仿为主要手段，基于这两个原则，直接法也是以语言的结构为基础的。

二、听说法

听说法被认为是结构取向的模式之一，听说法选了路径，而不是语法翻译法和直接法中的方法。这说明无论是在理论基础、体系上，还是在方法方面，听说法都较语法翻译法和直接法更系统和全面，内涵也比后者丰富得多。

听说法继承了直接法的四个特点：

（1）口语第一，听说领先；

（2）变换操练；

（3）严格控制，养成语言习惯；

（4）限制使用母语，课堂教学运用英语语内对比。它本身的创新只有两点，即以句型为教材和操练的核心、用对比作为以所学外语进行类推和回避学习难点的基本方法。

一般来说，听说具有三个特点，即听说领先、句型操练和对比。

听说法的发展促进了布龙菲尔德教学法的教学过程不断完善，使之逐渐演化成为相对规范的五段教学，即认知、模仿、重复、变换和选择。认知是指对所学句型耳听会意，一般采用与外语本身相同或不同的对比，使学生从对比中了解新句型或话语。模仿可以通过跟读、齐读、抽读、纠错和改正进行，同时记忆。重复环节包括检查，让学生重复模仿材料，做各种记忆性练习，教师要进行检查，当确信学生已能正确理解、朗诵所学句型之后，才能进行下一段的变换活动。变换即替换操练，应按替换、转换、扩展三步逐渐加大难度，同时要注意学生的理解情况，替换分为单项替换和多项替换，转换包括含义转换、结构转换和增减句子要素，如将主动句变为被动句、陈述句变为疑问句等，扩展包括前置修饰扩展和后置修饰扩展。选择是指在实际交际和模拟情景中，对所学语言材料进行活用。

早期的听说法注重机械操练，到了20世纪60年代以后，机械操练受到了批评，一些应用语言学家开始改进听说法，使操练朝着有意义和有利于实际交际的方向发展。其中最具代表性的是波尔斯顿提出的"MMC"法，第一个M是指机械操练（mechanical drills），第二个M是指有意义操练（meaningful exercise），C是指交际性活动（communicative activities）。这三个步骤为递进式的，早期先进行机械操练，然后进行有意义的练习，要求教师给出生活情景，让学生在规定的情景中做语言操练，在第三步骤的交际活动中，可请以英语为母语的人来交谈，要求学生在交谈中尽量使用所学语言结构等。

三、翻译法

翻译法的形成与发展直接与语言认知有关，它起源于中世纪，经过了语法翻译法、词汇翻译法和自觉对比法，再发展到认知法，在历史上历时最长，所产生的影响较为深刻。翻译法中最有影响的是语法翻译法，下面我们对它进行简单的分析。

19世纪盛行的历史比较语言学为语法翻译法提供了理论基础：通过翻译的手段，比较母语与外语语音、词汇和语法的异同，达到掌握外语和欣赏外国文学作品的目的。张正东把语法翻译法的发展分为三个阶段：第一阶段为18世纪上半叶，具体教学方法是以外语译成母语，内容偏重机械背诵语法规则，其教学目的是了解外语服务；第二阶段是18世纪下半叶至19世纪末，以母语翻译成外语为主要方法，内容注意到了阅读，其教学目的是用外语表达母语的内容；第三阶段是20世纪至今，在众多教学流派的影响下，在教学方法上吸收了其他学派的方式方法，但是其核心教学思想如重视系统语法的教学、依靠母语进行翻译、侧重语言形式和采用演绎方式等都没有改变。

语法翻译法主要有以下几项教学原则：

（1）关注语言知识的学习；

（2）采取单向传授式教学法；

（3）重视读写能力的培养；

（4）依靠母语进行教学。

语言知识包括语音、词汇和语法等，在传授语言知识时，教师常常运用母语，通过对比法和演绎法等讲解和分析句子成分、同义词和反义词之间的差异，以及语音、词汇和语法规则等。教师的讲解是课堂教学的唯一活动，学生的学习比较被动。

四、认知法

认知法是在语法翻译法的基础上形成和发展起来的，它以转换生成语法为理论基础。该理论认为，语言的深层结构体现语言能力的特点，表层结构体现语言行为的特点。人有了语言能力，就能生成语言行为、运用话语，把这一语言学说与认知心理学的理论联系起来，语言能力就是核心结构。认知法的首倡者卡鲁尔主张学习外语应先掌握以句子结构为重点的语言知识，要理解所学内容；理解、信息加工和逻辑记忆对于外语学习极为重要。在理解的基础上，让学生在生活实际和交际情景中进行操练，在操练中发展逻辑记忆能力，学习外语不是形成习惯，而是先天习得能力的发展过程。这些过程落实到教学活动中，主要是语法先行并用演绎法教语法，所以卡氏又称认知法为经过改造的现代语法翻译法。而左焕琪却认为认知法重视语法，必要时要用母语进行教学。

认知法被认为是当代外语教学法，它的一些教学原则已被当代各个学派所接受，如学生中心原则，容忍错误原则，听说读写并进、视听兼用的原则和情景原则等。认知法的教学过程可概括为"理解（句子结构和所学内容）—形成（语言能力）—运用（语法，即语言行为）"三大阶段。

第三节 功能取向的英语教学模式

斯特恩认为，功能派与结构派最大的差异是功能派更加关注语言使用者的社会和环境因素，在语言研究方面体现这些改变的是语义学、话语分析、社会语言学、交往人类学，以及语用学的诞生。把交际视为教学内容本身的功能派有两种不同观点：一种是分析性的，被称为"功能分析"；另一种是整体性的和非分析性的，被称为"功能大纲"。近年来，功能分析已经对语言大纲的制定、教材的开发以及教学方法的选用等方面都产生了影响。

从 20 世纪 60 年代开始，语言研究的重点逐渐由语言形式、句法关系转向语言使用、语义和语言的社会功能。社会语言学对语言教学乃至整个语言学界所做出的重大贡献之一就是提出了"交际能力"的概念。20 世纪 70 年代，社会语言学家海姆斯在《论交际能力》一文中指出，离开了使用语言的准则，语法规则是毫无意义的。海姆斯认为，交际能力是由语法、心理、社会文化和实际运用语言等能力系统互相作用的结果。1980年，加拿大的卡内尔与斯温系统总结了关于交际教学法理论的探讨与研究成果，并提出交际能力应由以下三方面能力构成：

（1）掌握语法，包括词法、词义、句法与语音等方面的知识；

（2）掌握语言的社会功能，指使用语言的社会文化规则与语篇规则；

（3）使用策略，即为使交际顺利进行而采取的语言与非语言交际策略，后经不断充实，已具体到怎样开始会话、维持对话、要求重复、澄清事实、打断对方和结束对话等。后来，卡内尔对交际能力的构成框架进行了简单调整，把语篇能力从掌握语言的社会功能中分离出来，构成了第四方面的能力，同时拓宽了使用策略的能力，包括提高交际有效性的所有努力。

功能取向的英语教学模式的诞生，与当时的哲学、语言学、心理学、人类学和社会学发展息息相关。而以语言的社会交际功能是最本质的功能为核心思想的社会语言学的诞生，为该模式提供了语言学基础。

功能取向的英语教学模式包括交际法教学模式和自然法教学模式。交际法兴起于20世纪70年代的欧洲，它是一个典型的以语言的功能项目为纲的一种教学方法。但实际上，交际法不是一个一般意义上的教学模式，它已形成了一场国际性的交际运动，并出现了多元化局面。交际教学是一个多种理论的联合体，至今似乎没有一种定义能对其内涵做出界定。

在总体上，胡春洞认为交际法教学模式有两个基本观点：

（1）外语学习者都有其特定的对外语的需要；

（2）语言是表情达意的体系，而不是生成句子的体系，社会交际能力是语言的主要功能。因此，交际法的教学目标在于培养学生在特定的社会环境中使用外语进行交际的能力。

为了提高学生的交际能力，交际法教学过程可以从以下三方面展开：

（1）分析学生对英语的需要

在制定教学大纲时，首先分析学生对外语的需要。通过对学生需要的分析，就能知道这个学生需要掌握什么样的语言功能、什么样的文体和什么样的语言形式,并以此制定相应的教学大纲。由于交际法对学生需要的重视,"需要分析"已成为一个独立的研究课题。

(2) 以意念/功能为纲

交际法认为,以语法或情景为线索组织教学内容忽视了学生的特殊需要,难以培养交际能力。交际法在形成之初主张以学习者所要表达的内容,即意念为线索。这种以语言使用者通过使用语言来实现的交际功能为线索的意念大纲,也被称为功能大纲。交际法第一份具体的教学大纲正是以语言的交际功能为线索组织教学内容的。以意念/功能为纲的思想,是交际法的核心思想。

(3) 教学过程交际化

大纲的制定和教材的编写不是一个完整的教学体系的全部内容,交际能力的培养最后必须在课堂教学中实现,教学过程的交际化也是交际法的一个重要组成部分。它可以体现在以下几个方面:

第一,以话语为教学的基本单位,语言材料的选择力求真实和自然;

第二,以学生为中心,教师是活动的组织者,学生在各种活动中学习外语;

第三,教学活动以内容为中心,大量使用信息转换、模拟情景、扮演角色、游戏等活动形式;

第四,对学生的语言错误采取容忍的态度,不以频繁的纠错打断学生连续的语言表达活动。

以上环节表明,交际法在教学过程中以学生的需求为教学的出发点,学生需求是制定教学大纲,即学习内容的依据。同时,所使用的材料要尽可能真实,如把目标语人士带进课堂,或进入使用目标语社区,或引入各种目标语书籍及报刊节选的文章,以及电影、电视和电台报道片段等。鼓励学生在实际生活中使用语言,他们的错误被认为是学习过程中出现的自然现象而无须指责。

斯特恩认为,如果在语言课堂上开展标准的交际活动,必须包括以下四个条件:

(1) 与母语为目标语的人接触;

(2) 有机会融入目标语环境;

（3）创造真实使用语言的机会；

（4）学习者的个体参与。

尽管在我国的一些发达地区，母语为目标语的人士可以进入课堂，也有项目支持学生融入目标语环境，但这些条件在个别地区较难实现。

英语教学可以吸收这些条件的精神，利用以下活动来优化课堂教学内容：

（1）充分利用语言课堂的教学行为；

（2）讨论话题尽可能源自学生的个人生活或至少与之相关联；

（3）挑选尽可能多的、对学生具有教育意义和职业发展有利的话题；

（4）设置交际课堂练习，如设置小型活动，让学生练习并熟悉目标语的一些表述特征。

有关文献对第四种方式讨论较多，对于前三种，尽管有人研究过，但是文献非常有限。

总之，交际课堂教学的具体教学方法十分多样，其基本精神是开展师生之间、生生之间有意义的对话或讨论，也称"语言意义的谈判"。教师上课时经常采取两人结成对子进行对话，或者以4~6人为一组的小组活动，以及全班讨论的形式进行。交际法教学虽然提出在语言使用过程中学会语言的用法，但是它并不排斥有关语言形式的教学。

王才仁在参照国外一些教学模式的基础上，提出了一个适用于我国的英语教学综合模式——英语教学交际模式。该模式的核心环节如下：

（1）教师和学生成为教学的双主体，师生之间的交际构成教学全过程；

（2）社会环境提出教学要求，体现在教学大纲中，对教师有制约作用；

（3）教学大纲由国家制定，是教师执教的依据，对教材的编写和使用起指导作用；

（4）教材要通过听、说、读、写等渠道和一定的情境活化为交际行为，成为信息的源泉；

（5）输入是指学生接受语言材料信息，语言材料信息包括三个部分，即语言信息、语用信息和文化信息；

（6）加工指信息加工，包括外部加工和内部加工，外部加工表现为课堂活动，内部加工指大脑内的活动，二者互相作用、互相促进；

（7）输出指学生运用英语的能力，若每一项输出达到正确、得体、流利的程度，都会反馈给教师，以便教师了解教学效果，整个过程达到的程度则最终反馈给社会。

该模式认为，教学的实质是交际，而交际是通过活动得到体现的。例如，教学中师生的主体作用是通过活动来体现的，英语物质操作和观念操作的二重性是通过活动体现的，信息的输入和输出也是通过活动实现的。因此，活动是更新教学观念、开创英语教学新局面的一个重要哲学支撑点。另外，该模式还强调运用英语时要遵循四个原则，即意义性、功能性、得体性和移情性。其中，得体性是指所说的每一句话要根据不同的对象、场合和时机选择合适的表达方式，而移情性是指在表达意思时要考虑目标语国家的文化风俗习惯。最后，该模式把我国的英语教学目标定位在培养学生的交际能力上。

交际教学的理念正不断地深入我国的英语课堂教学实践。彭那祺通过多年的教学探索，把交际教学融入自己的日常教学中，不断提升自己的教学理念。她认为"和谐"是交际性教学最重要的艺术特色，"在英语课中最为重要的是要从交际的高度出发，去帮助学生打下坚实的英语基础和培养运用英语的交际能力，并在习得英语的过程中掌握一套成功的英语学习方法和良好的语言习惯。这些将构成他们可持续发展的英语潜能。"

第四节 任务取向的英语教学模式

任务取向的英语教学模式是指一种以任务为核心单位计划、组织语言教学的途径。它是诸多交际教学途径中的一种，其教学思想仍然在交际语言教学思想的理论框架之内。在国外，任务取向的英语教学模式已有二十多年的实践。

在外语教学中，目前教育部制定英语课程标准实施建议明确提倡"任务型"教学途径，培养学生综合运用语言的能力。任务型英语教学提倡以教师为主导，以学生为主体的教学活动，它提倡体验、实践、参与、交流和合作的学习方式。学生在活动中认识语言、运用语言、发现问题、找出规律、归纳知识和感受成功，真正让学生习得讲英语、用英语的本领，从而培养英语学习兴趣，树立信心，发展自主学习的能力和合作精神，为终身学习打下坚实的基础。

一、任务型英语教学模式的理论基础

任务型教学概念被提出后，二十多年来，它的发展、演化和内涵的不断丰富得益于理论的支撑。言语行为理论是任务型教学与研究一个十分重要的理论来源。言语行为理论旨在回答语言是怎样用于"行"的，而不是用于"指"这样一个问题。奥斯汀认为言有所为的话语是被用于实施某一种行为的。根据个体说话时所实施的三种行为，他提出了三种模式行为，即言内行为、言外行为和言后行为。言内行为是指传统意义上的"意指"，即指发出语音、音节、说出单词、短语和句子等。言外行为是指通过"说话"这一动作所实施的一种行为。人们通过说话可以做许多事情，达到各种目的。言后行为是指说话带来的后果。

塞尔在奥斯汀研究的基础上，把言语行为理论提高为一种解释人类语言交际的理论，认为语言交际单位不是单词或句子等语言单位，而是言语行为。于是，语言交际过程实际上是由一个接一个的言语行为构成的，每个言语行为都体现了说话人的意图。

随着任务型英语教学研究的不断深入，国内学者从不同的视角来探讨和建构它的理论基础。龚亚夫和罗少茜认为该教学模式的理论依据来自许多方面，有心理学、社会语言学、语言习得研究和课程理论等。从语言习得的角度可以解释任务型英语教学的必要性，而社会建构理论和课程理论可以阐释任务型语言教学的教学理念。魏永红认为系统功能语言学的诞生，对20世纪80年代以后的语言教学发展产生了重大影响，包括任务型教学。同时，又从学习论的一些视角，如皮亚杰的认知发展论、布鲁纳的发现学习论、奥苏贝尔的意义学习论和社会建构主义学习理论，以及教学论的活动教学等方面，来分析任务型教学的教学理念。下面，重点从语言习得理论、课程理论和活动教学三个视角，来理解任务型教学的必要性和意义。

语言习得是指一个人语言的学习和发展。此处的学习与课堂上教师对语言知识传授式的学习意义相对。我们通常说，语言不是教会的，而是习得的。语言习得理论告诉我们，在语言课堂上，仅仅学一些语言规则和词汇意义并不等于就能自如地运用该语言了。Willis通过研究语言习得发现，当学生做机械性语言练习时，他们的注意力有意识地集中在语法形式上，可能看起来暂时掌握了所学习的语法结构，而一旦让他们用语言去交流，注意力集中到语言的意义上时，语言错误就会很多。另外，Montgomery和Eisenstein做过一个实验，他们把一个班分成两组，对实验组教语法，同时也有实践的机会，对对照组只讲语法。结果表明，虽然实验组用于语法学习的时间少，但是实验组不仅交际能力强，而且语法测试的成绩也比单学习语法的班级好。因此，语法加交际的授课方式，比单纯给学生讲解语法知识更能提高学生运用语言的流利程度及使用语法的准确程度。

语言习得理论并非反对教语法，而是提倡在学习了该语法项目后，能有实践和运用的机会，如在不同的情景或语境中反复接触含有该语法规则的实践，并在不同的情景中使用这些固定的表达方式。只有不断地在真实情景中使用语言，才能逐渐发展自己的语言系统，这正是任务型英语教学所要追求的效果。

语言使用在任务型教学模式中是指用语言来做事情，即完成各种任务。当学生积极地用英语进行交际时，语言也就被掌握了。当学习者所进行的任务使他们当前的语言能力发挥至极点时，习得也扩展到最佳程度。

课程理论是指人们对课程与社会、知识、学生等关系的规律性认识。英语学科课程理论是从学习者的角度,将学习理论、课程理论和教学实践综合的一种课程理念,是由意识(awareness)、自主(autonomy)和真实(authenticity)三要素组成的3A课程观。课程理论有助于我们对任务型教学模式的教学理念进行更深入的理解。

意识是指在课程学习时,教师要让学生知道自己在做什么和为什么做,只有当学生明白自己学习的内容与他的生活或发展是有价值时,他才会投入注意力,对某物开始关注,有意识地参与,用心去感受过程,用心去反思效果。也就是说,教师的教学不能只给学生灌输知识点,而是要在思想上让学生明白学习的目的和意义。

任务型教学模拟人们在生活中使用语言的情景,通过各种有明确目标的活动,使学生能有意识地参与语言的交流,从而掌握语言。学生一旦找到了学习的价值,内动机被激活后,学习就进入第二阶段——自主阶段。此处的"自主"指的是学习者可以根据自己的兴趣,对要求完成的任务具有一定程度的选择权利,如可以自主确定总任务下的次任务、以何种方式完成任务,以及小组成员的分工等。学习者被赋予了选择权,同时也被赋予了责任。学习者带着这份责任会尽力做事,这份发自内心的动力有助于对信息进行深度加工,提高学习效果。同样,这份对自己学习负责的责任感有利于学生成为富有责任感的人。学生通过参与任务型教学,不仅学会了语言,而且更重要的是学会了做人,因为学习的过程就是人生的磨炼过程,这就要求学习过程的真实性。

"真实"包括教材的语言材料没有被加工,课堂中使用的语言与生活相一致,更重要的是人的"真实行动"。所谓真实行动是指该行动是发自内心的、自愿的行动。在任务型教学中,学生想做的事情是他们自己想做的,他们的行为是自己选择的,他们表达的是他们的真实感受,他们所说的语言是他们想表达的,这才是真实。相反,不真实的行为是由外部因素引起的,是那些因为大家都这样做,或是被要求这样做,自己才这么做的事情。任务型教学鼓励学生表达自己的真实感受,传递真实信息,讲述生活中真实的经历,而不是背诵和转述课文。

活动教学主要是指以建构具有教育性、创造性、实践性和操作性的学生主体活动为主要教学形式，以鼓励学生主动参与、主动探索、主动思考和主动实践为基本特征，以实现学生多方面能力的综合发展为核心，以促进学生整体素质全面提高为目的的一种新型教学观和教学形式。

该教学方式有以下四方面基本主张：

（1）坚持"以活动促发展"为基本指导思想；

（2）倡导以主动学习为基本习得方式；

（3）侧重以问题性、策略性、情感性和技能性等程序性知识为基本的学习内容；

（4）强调以能力培养为核心，以素质整体发展为取向。

以上有关活动教学的基本主张表明，它与任务型教学的理念非常吻合。

首先，在任务型教学中，以任务即"用语言做事的活动"为其基本教学组织形式。这样做的理论假设是有效的语言学习，不是传授性的，而是经历性的，让学习者参与有目的的交际活动，在交际中认识、掌握、学会使用目的语是习得第二语言的最有效途径。

其次，从学习方式来看，任务型教学积极倡导合作学习、交往学习、探索发现学习和体验学习等学习方式。通过用目的语交流、沟通、协商，完成任务的过程，促进交际各方在目的语的掌握使用上相互取长补短，促进各方中介语系统的扩展、修订和重构，从而使语言的输入也在语言的使用过程，即输出过程中得到落实，语言的输出"能激发学习者从以语义为基础的认知处理转向以句法为基础的认知处理。前者是开放式的、策略性的、非规定性的，在理解中普遍存在；后者在语言的准确表达乃至最终的习得中十分重要。因此，输出在句法和词法习得中具有潜在的重要作用"。

最后，从发展能力、提高素质的角度看，人作为社会个体，交际能力是最基本的生存能力之一。通过任务型教学，不仅能使学生的语言水平得到提高，而且能使学生的沟通能力与合作能力得到锻炼和提高。因此，提倡任务型教学是一种有效的素质教育途径。

二、任务型英语教学模式的特点和原则

任务型语言教学有五个特点：
（1）强调通过交流来学会交际；
（2）将真实的材料引入学习环境；
（3）学习者不仅注重语言的学习，而且关注学习过程本身；
（4）把学习者个人的生活经历作为课堂学习的重要资源；
（5）试图将课堂内的语言学习与课堂外的语言活动结合起来。
随着对任务型教学的研究逐步深入，有学者提出了五条教学原则：
（1）言语、情景真实性原则；
（2）形式—功能性原则；
（3）任务相依性原则；
（4）在做中学原则；
（5）脚手架原则。

这五项原则相比它的五个特点，其在理论上概括度更高，对教学实践的指导意义更强。第一项"言语、情景真实性原则"在上文已经分析过。第二项"形式—功能性原则"中的形式是指语言形式，即语言知识本身，功能是指语言知识在真实情景中的运用。该原则要求教师和学生对语言形式和语言功能有清晰的认识；任务设计要注重语言形式和语言功能的结合，旨在让学生在掌握语言形式的同时，培养其使用语言的能力。总之，在进行任务型语言教学时，语言的形式与语言的意义是紧密结合的。第三项"任务相依性原则"是指任务设计既要遵循由易到难的原则，又要体现任务之间的关联性，例如，总任务涵盖许多小任务，小任务环环相连、层层铺垫，随着小任务的完成，最后达到高潮，完成一个总任务。第四项"在做中学原则"可以说是任务型教学的核心原则，"做"可以指我们前文中的"活动""交互"等概念。最后一个原则是"脚手架原则"。该原则可以从两方面来理解：一方面，教师设计任务，一定要适合学生的实际，让学生通过努力能够顺利完成，从

而获得安全感和成就感。另一方面，在具体的完成任务的过程中，任务是如何完成的，任务的成果是什么样的，教师都能在教学的初级阶段提供给学生一些可以借鉴的思路。

第五节 社会文化互动取向的英语教学模式

课程作为一种社会文化，教学活动作为一种社会文化传承与发展的现象，教育社会学流派对学校课程与教学的影响已经显而易见，其中的解释理论（也有人称其为"互动理论"）是社会文化互动取向的英语教学模式的理论基础。

在课程与教学方面，其基本要点包括：

（1）关注教学活动中教师与学生如何构建、解释并控制其日常生活过程中的问题，关注师生的人际互动过程；

（2）强调师生共同创造课堂情景，解释师生各自的角色和各种行为所表达的意义，注重师生在课堂中的对话，认为要通过理解和解释去剖析师生的观念与行为；

（3）分析课堂教学情景时，认为语言是最基本的符号，课堂教学是通过语言进行有效沟通的，在教学的过程中，师生对课堂情景的不同理解是影响课堂教学效果的重要原因之一，社会互动是指人与人或群体与群体间发生的交互活动或反应的过程。

课程是一种社会文化，课堂教学是社会文化的传承，所以社会文化互动取向的英语教学模式，可以简称为互动教学模式，或"交互（式）"英语教学模式。张森和蔡泽俊认为，交互式教学模式是指在主体间的交往中（包括师生交往、生生交往）师生共同参与教学活动，相互承认与尊重，通过多种方式相互作用、相互沟通，促进学生的全面和谐发展。它是开放的、建构性的，是一种全新的教学模式。

社会文化互动取向的英语教学模式最早是由Palincsar提出的，它是一种以支架式教学思想为基础来训练学生的阅读策略的教学模式。该模式具有两个特点：其一，重点放在培养学生以特定的、具体的、用以促进理解的策略；其二，这种教学以教师和学生之间的对话为背景。那么对于语言课堂，交互意味着什么？里韦尔斯认为"交互"是学生通过使用语言而获得语用的能力，在使用过程中学生的注意力集中在传达和接受真实的语言信息上，即在关系到交互双方利益的情景中交换信息。交流是话语的基本单位，语言交互是合作活动，无论交流是口头的，还是书面的，都包括在信息发送者、接受者和情景环境之间关系的建立中。交互不仅是自我观点的表达，而且是对别人观点的理解。

为何交互对语言学习如此重要呢？首先，通过交互，学生可以增加语言储备，因为在交互的过程中他们通过倾听或者阅读真实的语言材料，来完成参与解决问题的任务，或撰写对话日记等。其次，在交互时，学生能够使用语言知识进行真实的交互，而这种表达真实意思的交流对他们来说是很重要的，他们能从听到的内容中提取信息，也能通过创设语篇去表达自己的意思。最后，在第二语言的语境下，交互在新语言和文化中的生存是必不可少的，所以学生需要接受在新语境中进行交互方式的训练。

交互有利于语言的学习，那么在语言课堂上如何进行有效的交互呢？里韦尔斯等学者对此展开了研究，并总结了以下一些有效措施：

（1）教师给学生创设大量的倾听真实语言材料的机会。此处的真实语言材料包括课堂英语录音或录像带、报刊、卡通书、书信、产品说明书、菜单和地图等。真实的语言材料不一定都很难理解，可以在一些有意义的活动中加以使用。

（2）学生从学习开始，就必须在课堂情景中听、说英语。例如，学生可以面对挂图和实物时听、说英语，可以通过角色扮演、演戏和讨论来听、说英语；可以编制电台口头秀或在教室建立一个二手货市场，或举办晚会、求职面试等活动。

（3）学生参与一些联营任务，指学生一起做一些有意义的活动，如制作某物、为跨文化口头报告准备材料等。

（4）学生观看一些原版电影或录像带，观察以英语为母语的人士如何交互，即如何感慨、如何开始和维持对话交流、如何进行协商，以及如何结束交流等。

（5）语音练习可以通过交互来提高，不仅可以通过对话式的听说活动来锻炼，而且可以通过诗歌朗诵与创编对话或剧本等过程来提高。

（6）跨文化交互对现实世界的语言运用来说是很重要的。首先，学生们通常拥有相同的观点和价值观、相同的行为方式和言语方式。他们能辨别自己对目标语人士及相互文化的思维定式。这种学习经历可以直接进行观点交流或介入另一种文化的活动，这种有指导地引领学生进行成功的跨文化交际活动或项目可以帮助学生建立自信。其次，观察不同文化人士进行交互的方式，清楚自己对不同民族人士的应对方法，检视自己的言语风格，操练不同的交互技巧，这些都能促进学生将来在不同的文化环境中的生存。最后，在英语作为外语教学的国家，学生可以把那些有可能因为文化差异而导致交流失败的片段表演出来。如有可能，还可以与以英语为母语的人士交谈，欣赏他们的歌曲、音乐和舞蹈，也能让学生了解对方的文化。

（7）在阅读活动中，读者与文本间应该有精彩的交互，如解释、拓展、讨论其他的可能性或其他结论，阅读可以让学生进行有效的口头和笔头输出。

（8）针对写作活动，要注意写好的东西应该有人来阅读，如在班级报纸上刊登或抄写在通知栏上，对话日记是交互性写作的典型例子。

（9）交互并不排除语法学习。语法知识有利于学生交互水平的提高，但是要把语法学习的过程交际化，让学生通过有效的意思表达来内化语法规则。

（10）测试应该是交互性的水平测试。多项选择和填空题是语言知识测试的题型，不是正常的语言使用活动。测试应该尽可能地转回到语言的正常使用上来，使测试成为一个在理解和表达方面进行意义建构的有机过程。

近年来，我国的学者和教师越来越关注英语课堂教学的互动性，"互动"英语教学模式是高校英语教学发展的必然趋势。作为教师，不能把自己看作不断向学生传递信息的源泉，而应是组织学生开展语言学习活动的组织者和参与者，从而为学生学习和使用语言创造机会、提供指导，使学生通过语言的实践来掌握这些知识和能力，并为取得富有成效的结果提供监督，帮助学生逐渐掌握适合的学习方法。

"互动"英语教学模式设计的根本原则必须符合创造性的、有意义的语言操练，具体地说，互动活动的内容应有助于激发学生的兴趣、学业目标和事业目标等；在互动教学过程中新导入的内容必须与学生已有的知识、背景等相关；互动活动的内容还必须能够激发学生参与活动的内在动机，这样的活动可以包括以学习者为中心的合作性的教学、以内容为中心的活动、将语言和文化相结合的活动、以语言表达能力培养为基调的活动，以及以技能培养为基础设计的测试。

此外，在具体的课堂教学过程中，把"互动"英语教学模式设计成以下种类：以问题为中心的操练活动，以词语使用为方式的词汇学习过程，以人称替换、原文内容为主线的故事"重组"活动，以翻译为检测手段的巩固方式，听说结合的听力教学方式，形式多样的趣味英语活动。

从"互动"英语教学模式设计的种类来看，该模式把各个教学环节都变成了互动过程。但是，互动活动在很大程度上仍然是在关注语言的本身，这表明"交互"只是教学技巧上的一种改变，在总体上没有形成比较完整的、新的课堂教学体系。

随着英语课程改革的不断深入，对互动英语教学模式的研究也在不断深入。在课堂上可采用同桌互学、小组讨论、大组辩论、自由发言等形式，营造"生—生""师—生"自由平等的氛围，通过学生之间的互相提问、互相帮助，让学生学会思考、解决问题、发展思维，从而实现学习的目的。

第六节 全语教学模式

全语教学模式也称整体语言教学模式，该模式的理论首先由古德曼提出的，其核心理念是：语言是整体的，不能被分割成听、说、读、写等技能。同样，语言中的词、短语、句子和段落就像是一件东西内部的原子和分子一样，我们可以研究原子和分子的特性，但是其整体意义总是超过各部分加起来的总和。此外，该理论还把语言教学的范畴推广到与学生生活有关的其他各个方面。学习语言的目的是满足学生现实生活的需要、能够进行有意义的人际交流、解决生活中的实际问题，它的优势是能够使一个主题概念多角度、多层次地反复重现，使学生有机会把过去的知识和经验与今天的学习任务结合起来，使新旧知识在头脑中形成网状记忆、网状联想，使英语学习的质量得到提高。王才仁认为"整体语言法"就是把学语言与学习其他文化课结合起来，实行综合推进，既学语言，又长知识，互促互动。一个学英语的人，如果汉语水平不高、知识面狭窄，则很难在英语上有很高的造诣，即便能流利地说英语，也无法充分发挥英语的交际工具作用。

语言是一个整体，知识学习也是一个整体，学习者的生活和学习也应该得到统整。对此，左焕琪认为整体教学法的最大特点是："它一反自古以来由教师决定从部分到整体进行教学的传统，强调由学生主动参与并遵循内容从整体到部分的教学过程。"这种反传统的教学方式是受到了语言习得和学习的科研成果的启发，该成果表明，只有当学生认识到语言是一个整体时，他们才能认识到语言的本质。

在外语教学中，要注意以下几点：

（1）应先让学生在教师的启发下看到整体，然后逐步掌握教学内容；

（2）每一部分的学习都应该是有意义的，而不是无意义的机械操练；

（3）可先用母语讲清概念，然后采取师生、生生互相交流的形式练习；

（4）口语与书面语并重，以达到学生理解透彻与掌握的目的。

整体教学法可用于宏观与微观外语教学中。宏观是指在每个单元开始时，教师先与学生一起讨论该单元的主题概况，然后学习具体内容、词汇和语法结构等。微观是指在教授某一语法时，可先讨论同一大类的特点，再学小项。整体教学法要求教师把每节课都作为一个整体来处理，而每节课又都有侧重。这种教学法的心理基础是格式塔心理学。该理论认为，为了培养学生的创造性思维，教师应把学习情景作为一个整体呈现给学生，因为人对语言刺激的反应是综合的，而不是通过对语句的分析来理解其内容的。

整体教学模式可以体现在以下方面：

（1）课堂教学的整体设想；

（2）课堂教学内容的整体处理；

（3）在设计整体教学过程中，教师必须遵循语言学习的规律；

（4）注重发挥教师的主导作用；

（5）注意整体教学的适应性。

针对课堂教学的整体设想，要注意面向大多数学生，课堂教学要以多数学生的听、说、读、写活动为主，以完成教材内容为主。

第三章 高校英语课堂教学研究

第一节 慕课与高校英语课堂教学

慕课一般指大型开放式网络课程，即 MOOC（Massive Open Online Course），2008 年兴起于美国，之后迅速在全球范围内传播开来。"MOOC"中的四个字母分别代表了慕课的特色，"M"代表 Massive（大规模），慕课的上课人数是以万来计算的；第一个"O"代表 Open（开放），在传统的课程中，无论学生是否对这门课程感兴趣都必须来上课，而慕课则不同，它是以兴趣为导向的，如果学生对这门课有兴趣、有学习的意愿，只要通过邮箱注册就可以学习，对学习者的年龄和国籍没有任何限制；第二个"O"代表 Online（在线），即学习在网上完成学习，不受时空的限制；"C"代表 Course，就是课程的意思。通俗地讲，慕课是以连通主义理论和网络化学习的开放教育学为基础的大规模网络开放课程。

2012 年，慕课开始被引入国内，我国教育界的专家和学者就慕课的发展历程进行了多层次、多角度的研究，取得了丰富的研究成果。慕课有三种形式，第一种是完全的网络教学模式，学生自主选课，自主学习；第二种是网络课程+学生自助式面对面互动模式；第三种是网络课程+本地教授面对面深度参与教学模式。慕课在高校英语教学中的研究逐步深入，对其理论构建和运行机制的研究也日益成熟。

慕课时代的来临，引发了教学理念、教学内容、教学方式及教学效果等方面的变革，为此，各高校要以积极的态度应对慕课带来的挑战，寻求慕课与高校英语教学的契合点。

一、慕课与高校英语教学相结合的优势

慕课与高校英语教学相结合的优势表现在以下三个方面。

第一，学生的学习更加灵活方便。慕课的应用改变了传统的以教师为中心的教学模式，以建构主义为理论支撑，在教学过程中将学生作为教学的主体，教师担任主导角色，学生可以根据自己的时间安排自主选择什么时候上课、用多长时间上课，而不是按照学校的规定必须在固定的时间内、固定的教室里上课，可实现优质资源的公平分配和教育的均衡发展。

第二，有利于促进高校学生语法知识体系的形成。对英语语法的学习是高校英语学习的关键，要求学生在头脑中形成清晰的语法框架，使语法知识具有连贯性和体系性。慕课是按照严格的英语学科体系构建而成的，为学生带来的是系统化的知识，而不是碎片化的知识。当前，高校英语慕课的课程设置是以知识单元为标准来进行划分的，让有需要的学习者能够按照慕课展现出来的图谱进行针对性的学习，帮助高校学生构建起准确的语法知识系统。高校学生在运用英语与他人进行交流的过程中，就可以将已经掌握的语法知识自然地使用出来，能够准确地运用语法知识，从而在保证语言流畅性的同时，提高语言输出的准确性。

第三，互动性更强，有利于培养学生的自主学习能力。慕课使教师的教学方式和学生的学习方式都发生巨大改变，师生间的互动形式也由原来的实体课堂变为虚拟课堂或者是两者的结合，慕课的评价方式更为灵活。这就要求教师在教学过程中及时观察学生的学习状态，注意发现学生身上的闪光点，承认学生之间的实际差异，要学会欣赏这种差异性，在差异中寻找学生的独特之处，利用赏识教育，采用线上评价和线下评价相结合、教师评价和学生互评相结合的方式，使学生及时快速地得到学习方面的评价，有利于学生及

时发现问题、解决问题，从而形成良好的学习反馈循环。

二、慕课背景下高校英语课堂教学策略

随着教育体制改革的不断深入，现代教育侧重于提高学生的学习效率，学生能够在最短的时间内获取最多的知识，学生的能力能够更好地提升。要想实现教学质量的提升，就要在教学策略上下功夫。无论教育理论多么完善，教学手段多么丰富，只有将教育理论和教学手段付诸具体的教学实践中，才能检验该教学模式的效果。教师只有组织好教学，才能提高教学质量。

高校英语课堂的教学准备策略又称为备课，它是教学过程中的重要环节，直接影响教学的成败。教学是有目的、有计划的活动，教师在进行教学之前要进行必要的准备，做到心中有数，这样，教师在上课的时候才能按照组织好的策略开展教学活动。要想构建有效的教学组织策略，教师在上课前不仅要了解英语教材，还要了解学生的情况，只有将教材内容与学生认知结构完美融合，才能设计出好的教学方案，二者缺一不可。只注重挖掘教材内容，而忽略对学生基本水平和情况的了解，设计出的教案就会让学生抓不住重点，无法有效掌握教学内容；如果教师只专注于对学生的认知水平的了解，而对教学目标和教学内容没有清晰完整的认识，那么其教学就缺乏目的性，使得学生无法对学到的知识形成系统而完整的认识。慕课的专业性较强，教师在运用慕课进行英语教学时，要先进行小范围的实验，确定慕课的应用能够有效地提升学生的听、说、读、写能力之后，再进行普及和推广。另外，教师要根据学生总体英语水平的实际情况，运用慕课来组织教学策略。

英语课堂有效教学实施策略合理利用课堂教学时间，是提高课堂教学效率的前提条件，要在较少的课堂教学时间内完成规定的教学任务。课堂教学活动要针对学生的水平和要求来开展，以满足学生对知识的需求为宗旨，注重对学生学习能力、语言表达技能、情感态度和价值观的培养。英语学科知识是结构严密、互相联系的一个系统，教师在教学过程中要遵循系统化的原

则，注重知识之间的联系，在讲授新课之前注意回顾以往学过的知识，特别是要对词义相近的词汇进行重点分析，教学的过程中要逻辑清楚、表达准确，可以通过语言、动作等手段来展示自己对英语的热爱和对学生的热情。

教师在讲授的过程中要注意理论联系实际，将教学内容与学生的生活经验衔接起来，语言要幽默风趣，为学生创设一个轻松、和谐的课堂氛围，创建适宜的讨论环境，创设探究问题的教学情境，适时地组织课堂讨论，讨论的问题设计要新颖，以引起学生的好奇心，激发学生的学习热情，让学生自行组织组内讨论，培养学生的团队合作意识和竞争意识，培养学生的发散思维和思辨能力。

英语课堂教学策略评价不应只关注学生对语言知识、语言技能的掌握情况，更要关注学生掌握知识、技能的过程与方法，以及情感态度价值观的形成，进行发展性评价，既要达到学生的全面发展要求，又强调学生的个性发展和创造性发展，注重考查学生的学习方法、情感态度、创新意识、实践能力，以及合作与交流等多方面的综合素质。

在慕课背景下的高校英语课堂教学策略的实施，应符合以学生为中心的理念，要利于帮助学生养成良好的自主学习能力，培养学生的创新能力，实现学生的可持续发展，可对当前高校的英语课堂教学有一定的促进作用。

慕课建设是一项系统工程，需要高校领导高度重视，持续深化教学管理体制改革，完善相应的规章制度。教师要积极转变教育教学观念，切实关注学生的全面发展，自觉学习现代信息技术，不断增强自身的专业知识储备，从而提高英语教学质量。

第二节 "互联网+"背景下的高校英语课堂教学

随着现代信息技术的不断发展,"互联网+"展现出了对各行各业深远的影响。尤其是随着互联网技术而形成的开放式网络课程。在高校英语课堂教学中,以"互联网+"为教学形式及教学内容的创新已经成为英语改革的重点。在"互联网+"背景下,网络也为英语教学提供了更加丰富的教学资源,给教师的教学及学生的学习带来便捷。本节将着重对"互联网+"背景下的教学模式与传统高校英语教学模式进行对比,探寻高校英语的教学改革方向,为高校英语教学改革寻找途径。

一、"互联网+"背景下高校英语教学改革与创新的必要性

当前,我国学者对高校的英语教育事业进行了积极的分析和研究,实现了对教学理念的探讨,进一步完善了教学方式,逐步实现对教学工作的升级改革。针对英语教学进行的状况进行分析,主要包含两种形式:其一,通过英语教学,让学生了解到不同语种的英语习惯,满足学生学习专业英语知识的基础能力建设;其二,培养专业的英语人才,专业的英语教学能够拓展学生的知识面,协助学生更好地进行跨地域交流,满足国家和社会对人才的需求。因此,进行科学的英语专业教学改革,可以培养学生的专业能力,为社会发展提供人才基础。

二、"互联网+"背景下的教学模式与传统教学模式比较

（一）"互联网+"背景下的教学模式

"互联网+"背景下的教学模式在高校英语课堂的应用中具有自身的特点，相对于传统教学模式来说，虽然这一教学模式是以网络教育为主要目的和基础的，但在课程形式上却更加灵活，其优势主要表现为：能够改变以教师为中心的学习模式，主要是以学生为主，更好地提高教学的效果；"互联网+"背景下的教学模式能够设置出教和学互动的环节，实现教师和学生之间的实时对话，有效提高学生的学习积极性。其中也存在着一系列缺点，由于现阶段部分高校学生的自主学习能力较差，因此这些学生缺少教师的面对面引导就很难进行自主学习，这也是"互联网+"背景下的教学模式面临的最大问题。

（二）传统的教学模式

传统的教学模式是目前高校英语教学中比较常见的教学手段，其主要优势是学生能够在课堂中及时提出问题，并且在教师的引导下，积极地加入学习研讨中。但同时，传统教学有着一定的强迫性，学生在没有养成自主学习习惯之前，在灌输式教学模式下进行一系列知识的学习，以此来应对考试。这一教学模式的缺陷主要是学生无法发挥在课堂上的中心作用，并且很难在学习中找到乐趣，不利于学习效率的提高。

三、"互联网+"背景下高校英语教学的改革

（一）构建"互联网+"环境下的教学模式

"互联网+"环境下的教学模式就是学生在课堂结束之后能够通过网络资源获取需要的知识内容，并找出自己不能理解的知识点和内容在课堂上提出，由教师和学生共同解决疑问。实际上这也是一种课后学习的手段，能够有效改变传统的灌输式教学方法，也能够把学生获取知识和消化问题相结合，以此更好地带动课堂的氛围，促进学生学习能力的发展。

（二）建设多媒体与讨论结合的教学模式

"互联网+"背景下的教学模式主要强调的是网络学习和课堂学习之间的互补，因此需要将这一教学模式和课堂讨论教学手段相结合。教师可以在课程设计的过程中利用"互联网+"这一平台开展教学，在学生学习的过程中不断强调这一学习方式，引导学生在课后使用这一学习模式，并且在课堂上提出相关问题进行讨论，以此解决线下学习中存在的问题，也能够保证学生在课堂上利用更多的时间学习新的知识，长久以往，学生不仅能够养成自学的习惯，也能够拓宽视野，学习到更多的知识。

（三）增强学生的英语学习意识

很多高校在英语课程学习方面是以知识点为主，并没有注重学生是否能把知识点应用到实际需要中。同时，还有些高校在给学生讲解英语知识时，都是以考试内容为重点来分析、讲授的，其他内容则一带而过，这样的教学方式会严重制约学生学习英语和使用英语的意识的养成。因此，需要教师不断丰富课堂教学的内容，帮助学生逐渐养成基于"互联网+"背景下新的学习习惯。例如，高校可以实行线上教育和线下教育相结合的教育方式，线上教

育主要针对课程内容进行师生间的信息互动，而线下教育主要是巩固学生对已学知识的理解，同时在线上学习的基础上进行知识点和内容的补充，以此更好地促进学生的发展。

（四）培养学生的英语能力

很多高校存在学生能力培养力度不够的问题，主要是由于部分高校教师依然采用满堂灌的教学方式，导致学生的英语学习能力和英语应用能力欠缺，毕业之后难以把学到的知识应用到工作之中。在"互联网+"环境下，教师可以使用网络平台丰富教学案例，还可以带领学生们开展实际应用，有效提高学生的英语学习和应用能力。例如，教师可以不再使用黑板、PPT等工具教学，而是使用移动设备教学，这样可以减少教师站在讲台上的固定化教学，学生也能够更好地培养信息技术应用能力。

随着多媒体在教育领域的迅速应用，它对高校英语教学的影响已经非常大，不仅表现在高校英语课堂教学形式上，还表现在高校英语教学内容方面。随着高校英语的开放式网络课程的引进，进一步丰富了多媒体教学内容，同时也对教师的传统教学观念产生碰撞效应，促使教师更新教学理念，有效提升学生的学主动性。因此，在"互联网+"的背景下，对高校英语进行教学改革也是高等教育发展的必然趋势。

第三节 互动策略与高校英语课堂教学

在应试教育的影响下，国内高校的英语教学通常存在一种现象，就是学生在课堂当中并不活跃，甚至在大部分时间内都保持沉默。而学生的这种学习状态让教师无法了解其教学是否起到了一定的效果，也无法了解学生真正的学习状态。高校是为社会培养人才的重要场所，高校更加注重对学生实践能力的培养。学生在课堂当中的沉默态度无法锻炼其英语实践能力，导致英语教学效果大打折扣。本节主要从互动策略的角度出发，研究高职学校该如何转变英语课堂状态，解决学生课堂沉默的问题。

一、互动策略概述

（一）互动策略释义

在构建主义理论当中，互动教学主要的意义是改善人们在日常交往当中的交往方式。互动教学主要是在认知理论的基础之上转变课堂的教学形式，该种互动策略在课堂当中的应用能够转变传统的教学模式，让学生成为教学的主体，而教师则在教学过程中考虑学生的思路，与学生展开互动。在互动策略的影响下，学生与教师之间的互动也将成为日常教学当中的主要状态，在该种教学互动下，学生与教师之间的关系更加亲密，教师能够为学生创设学习的场景，让学生感受到教学内容的生动。教师与学生的互动使得师生双方都保持在精神活跃的状态下，学生能够更加积极主动地思考教学内容，并且激发出学习兴趣。

（二）互动策略的特性

互动策略在高校英语教学当中的应用，并不是都能够取得特别好的教学效果的，而有效的互动策略需要教师经过特别的教学设计，了解互动教学的具体特性，才能够根据互动策略来掌握教学的规律，制定具有针对性的互动策略。

互动策略的第一种特性是互动目标的多维度特性。在课堂当中，教师所选择的互动目标决定其所应用的互动策略是否会起到效果。互动的目标关系到教师选择以怎样的方式来教导学生掌握知识技能，也关系到学生是否能够对教学内容产生兴趣。选择正确的互动目标，确保互动目标的多维性，能够让学生形成正确的价值观，能够体会到互动教学的意义所在。

互动策略的第二特性是互动对象具有多样性的特点。传统教学模式当中的教学通常会以教师作为教学的主体，就算教师在教学理念上相对先进，与学生之间会产生互动，但其互动的方式也多是师生之间的互动。而在互动策略当中，打破了师生互动的局限性，其不仅仅是师生之间需要交流，学生与学生之间也会进行经验交流和讨论，这种交流互动的方式被称为合作学习。在这种互动状态下，学生的学习状态比较放松，学生处于自由的环境当中来表达自己对某个知识点的看法，促使其更容易记住教学内容，也更加善于在课堂当中表现自己。

互动策略的第三种特性是动态性。动态性主要体现在互动过程中，由于教师在课堂中教授的内容更多样化，教学主题也发生了变化，原本的互动就无法满足教学的需求，需要根据实际情况进行调整。教师在不同的教学主题下，为学生创设不同的互动情景，从而取得更好的互动效果。例如，如果教学内容比较宽泛，教师可以与学生进行问答式的互动；而教学内容比较集中，则可以让学生就教学内容展开讨论。教师需要根据不同的教学资料或学习途径来调整互动的方式，促使互动策略变得灵活多样，激发学生的学习潜力。

互动策略的第四个特性是平等性。也就是说，教师在采取互动策略的时候需要保持师生平等的状态。无论是教师，还是学生，都是独立的个体，具有独立的人格，只有二者处于平等的地位上，才能够拥有和谐且融洽的教学氛围，学生才能够真正地敞开心扉来表达自己。

互动策略的第五个特性是有效性。也就是在互动目的明确的情况下，教师在课堂当中应用互动策略时要注意互动内容的合理性，并且考虑好互动的动机，确保能够有效降低课堂上的沉默概率。

二、互动策略在高校英语课堂当中的应用实践

（一）注重互动环境的营造

互动策略引导下的高校英语课堂要求教师为学生的学习创设情境，加强学生间的互动协作，促使学生感受到互动教学的课堂效果。

首先，教师要想创造一个良好的互动环境，就需要在课堂当中让学生感受到授课过程的合作性。高校英语教师作为学生的引导者，其在授课过程中要为学生做出榜样。教师教授学生英语发音时要确定自身发音是否标准，而除了英语知识教育，高校的英语教师还需要教给学生做人的道理，让其养成良好的品格，在为人处世上具有更加端正的态度。教师展现出良好的品格，在授课过程中表现出和蔼可亲和知识渊博的形象，给予学生足够的尊重，学生能够感受到教师与自己间是平等的，进而愿意参与到课堂互动当中。

其次，教师在互动策略当中要激发学生对英语学习的热情。英语学习本身就需要创设特定的语境，教师要抓住这一互动特性，促使学生能够发现英语学习的乐趣，进而积极主动地参与到英语学习当中。教师利用这种互动策略来培养学生的盈余思维，让其在师生互动当中学习到比较规范的学习方法。

最后，教师需要培养学生间的合作意识，学生与学生间的交流和互动关系到学生是否能够更好地理解英语教学内容，而当学生了解到更加适合自己的学习策略后，其在对英语学习的心境上就会发生变化，进而学习其他人的长处，弥补自身学习方面的不足。

（二）建立互动教学模式

一些高校在英语教学当中利用互动教学模式来重新设计英语课堂，而在互动教学当中，教师划分出了不同的教学主体，根据不同形式的互动采取不同的教学模式。

首先，学生与教师之间的互动是最常见的课堂互动模式，在该种互动过程中，通常都是教师根据教学内容提出具体的问题，并且要求学生根据自己的知识积累来回答问题。也有的时候，学生在学习的过程中心存疑虑，因此需要教师为自己答疑解惑。一些英语教师会根据教学的需求，与学生交换意见、商量解决问题的方法，在了解学生的学习意愿后再进行课程设计。也有的教师喜欢采取辩论的形式与学生交流，教师抛出问题和分歧后，教师与学生分别表达自己对该问题的看法，最终得出问题的解决方案。教师根据与学生的这种互动来设计互动教学的具体方案，在与学生的沟通当中调动学生的学习热情，打破了英语课堂的沉默。

其次，学生间存在互动合作关系，教师可以根据学生间的互动学习来考虑如何制定互动策略，从而达到活跃课堂气氛的目的。教师可以采取集体研究的形式，在英语课堂当中将学生分为不同的学习小组，并且将学习任务划分为不同的板块，让每个学习小组都承担学习任务，而小组成员在经过细致的讨论以后，能够得出学习任务的最终结论。教师也可以将学生分成小组后进行小组教学，让小组成员制订学习计划，确定教学方案，完成教学内容试讲，让学生参与到教学当中，从而达到良好的教学效果。

最后，竞争性的互动模式也是高职学校英语教学可以参考的一种互动策略，在这种策略下，学生同样被分成若干个学习小组，并且分担了小组学习的任务。在这种学习模式下，小组间产生竞争，通过教师对各小组学习任务的完成数量和完成质量的评比，实现组员间的配合更加默契。例如，教师可以安排小组回答问题，参与辩论，从而让小组间进行比赛，激起学生竞争学习英语的情绪，促进学生获得更大的成就感。

（三）优化提问教学策略

课堂提问是最常见的互动教学方式，也是最能吸引学生注意的教学方式。优化提问策略来促进互动策略的升级，激发学生对英语学习的兴趣，改善课堂的气氛，促使学生在课堂上更多地交流、互动。学生在教师创设的提问教学环境下，能够用英语口语来表达自己的观点，提升了学生的交际能力，也让学生学习英语的成就感增强。

首先，为了让课堂提问更加有效，教师可以在教学开始之前就考虑好要提出的问题，并且拟定解决的方案。教师也要先做好教学计划，让学生在课前就了解自己的计划，进而在课堂提问的时候，学生就能根据课前的预习内容，做出相应的回答。

其次，教师需要把握问题的尺度，不能为了提升学生的学习水平就提出非常难的题目，这种情况不仅不利于调动学生的积极性，还可能打击学生学习英语的信心。

最后，在对学生进行提问的时候，教师要给予学生思考问题的时间，等待学生做好回答的准备，从而激发出学生回答问题的热情。

其实，导致高校英语课堂沉闷的因素并不复杂，只要教师能够了解学生保持沉默的原因，就能够提出针对性的互动策略。在对英语水平要求越来越高的社会中，高校英语教师要迎难而上，创新教学方法，拟定教学策略，鼓励学生积极响应自己的教学活动，让学生的学习达到良性循环的状态。

第四节 多维互动模式与高校英语课堂教学

随着我国教育体制的不断改革和发展，高校的培养人才模式发生了转变，高校英语教学从传统的知识灌输型教学模式，转变成注重学生口语表达能力与英语交际能力的教学模式。在众多的英语教学模式中，多维互动教学取得了不错的成效，因此本节从多维教学课堂的重要性入手，在全面分析现阶段我国高校英语教学现状的基础上，归纳出几点构建多维互动教学模式的意见。

为顺应时代的发展和学生的个性化需求，多维互动教学模式走入高校英语教学当中，该教学模式以注重学生能力的培养为最终目标，分别从听、说、读、写四方面入手，全面锻炼学生的英语表达能力和写作能力。这种"接地气"的教学模式便于学生将所学的英语知识运用到实际生活中，同时为学生未来的发展奠定了坚实的语言基础。

一、多维互动教学模式简述

（一）多维互动教学模式的内涵及作用

多维互动教学模式是以学生为中心，在比较自由、对等的学习环境中，把各项教学要素，如教学设施和方法、施教者、受教者等，进行有机融合的动态发展过程，以此创造出多层次、全方位、多方式的学习氛围，有利于培养学生的积极性、参与性和创造性。

多维互动式教学可以实现师生间和学生间的平等交流和互动，改变了以往灌输式的教学方式，为教学的个性化提供了基础条件；转变以教师为主体的课堂模式，突出学生的主体地位，使学生从被动地接受知识转变为主动地索取知识，从而实现培养学生综合能力的目的；以调动学生的学习兴趣为原则，充分开发学生的潜力，实现高效的英语课堂教学。

（二）高校英语教学现状

当今社会，多媒体在教学中的应用十分广泛，高科技、现代化的教学资源日渐增多，但在英语课程的具体实施方面，教师仍然是课堂教学的主体，决定着英语教学的课堂组织形式和内容。大部分英语教师依然是按部就班地进行英语教学，信息技术仅仅作为英语教学的辅助手段，受限于教师的操作水平和应用技巧，现代化的教学手段并未发挥出应有的效用，多媒体教学效果并不理想。

要开展高校英语多维互动教学，就要以网络教育和多媒体作为平台，借助于网络技术、多媒体技术等资源。现阶段，比较流行的教学手段有翻转课堂和慕课。其中，翻转课堂就是教师将所要讲授的英语内容录制成视频，再借助网络的优势，实现学生自主学习的目的；针对课后习题，教师和学生可以在课堂上交流互动，共同完成。

二、多维互动教学的意义

多维互动教学作为一种全新的英语教学模式，它的应用和实施具有十分重要的意义，主要从以下两点入手进行简要分析。

第一，多维互动教学模式在高校英语教学中的应用，不仅使英语的实践性和应用性得到了重视，而且还突出了学生听、说、读、写、用的能力培养，既提高了学生合作、探究学习的能力，又强化了学生利用英语交际的能力，符合社会对英语人才的要求。

第二，多维互动英语教学是将整个英语教学看作一个多维动态的过程，由以往单方面的交流模式转变为双向的交流过程，将整个英语教学作为一个统一的系统，即单个英语教学活动具有统一性，以此加强师生和生生间的互动等，使得教师和学生能够全程参与教学过程，给学生以丰富的语言体验，加强学生对英语的掌握。

三、多维互动教学模式的构建

（一）树立多维互动教学的理念

在构建高校英语多维互动教学模式前，教师先要树立多维互动的教学理念，本着以学生为主体的教学观念开展英语教学活动，教师充当学生学习英语的引导者、合作者和组织者，逐步引导学生自主学习和探索，加强师生间、生生间的交流，给学生提供展示自我的平台。在多维互动教学模式下，实现学生英语应用能力和口语表达能力的提高，达到提高英语课堂效率的目的。

（二）善于整合有利于构建多维互动教学的资源

在英语教学方法方面，高校的英语教师多以讲授式为主，只注重对学生语法方面的知识点的灌输，却忽略了学生对语言应用能力的培养。同时，很多英语教师在课堂上无法做到完全用英语和学生交流，忽略了创设英语环境的重要性，教学方式还停留在应试考试阶段，缺乏与社会实际接轨的意识。创新英语的教学方式已经迫在眉睫，而多维互动教学模式在高校英语教学中的应用确实取得了较好的效果，因此要对该模式有进一步的把握，以便更好地适应学生的需求和社会的发展。

慕课教学模式是通过网络和信息技术，向学生提供丰富且免费的学习资源，该模式具有较高的灵活性和自主性，而且十分注重创新与互动，在给学生提供较多的学习资源的同时，还比较注重学生对知识的掌握情况。慕课属于构建多维互动教学模式的一种，它不但能够提高学生的参与度，还能给学生创造更加自由的学习空间。

（三）善于创建多维互动的教学情境

教学情境是提高学生对英语学习兴趣的前提条件，在高校英语多维互动教学过程中，英语教师要将生活中的情境有意识地加入英语教学中，并鼓励学生进行自主交流，充分调动学生的主观能动性，还可以将学生分成小组，通过小组合作、探讨和协商等方式实现英语教学的多维互动，让英语课堂教学可以多角度、多方向、多层面地展开，真正形成师生间和生生间的多维互动。在创设多维互动教学的情景对话中，创设既要贴近生活实际，又不能脱离学生的实际生活和学习，最终是要提高学生的英语综合应用能力。

（四）加强课内与课外教学的互动构建多维互动课堂

在传统的英语课堂上，教学时长有限，师生间和生生间没有充分的互动时间，致使学生的参与积极性不高，所以可以采用加强课内与课外教学的互动方式开展教学，进而有利于多维互动英语教学的构建。在课前，英语教师可以将本节课的主题导入和重点知识以微课的形式发给学生，方便学生在课外进行自主学习；在课上，学生可以根据自己在课外自主学习过程中遇到的难点，而有针对性地选择听课。这就是课内和课外的互动，换句话说，就是英语教师可以利用微课让学生在课外自主学习，在课堂只需重点讲解学生提出的问题，这也是构建多维英语教学的一种可行方法。

综上所述，多维互动教学模式在高校英语教学中的合理运用，不仅为英语教师扩宽了教学思路，减轻了教师的课业负担，还增强了学生学习英语的兴趣，让学生有勇气张开嘴巴用英语交流，使得学生的综合实践能力得到提升，该教学模式的应用基本上改变了以往"哑巴英语"的现象。

第五节 合作学习与高校英语课堂教学

随着新课改革新步伐的加快，合作学习作为一种科学、高效的课堂教学模式已普遍应用于现代各学科的教学实践中。顺应时代发展潮流，将合作学习应用于高校英语课堂教学中，对教师的"教"和学生的"学"具有双向的促进作用，本节将积极探索合作学习在高校英语中应用的有效性策略。

一、合作学习的内涵

一是合作学习的任务通过小组合作、分析讨论的方式完成，在讨论过程中解决各种难题；

二是合作学习要求小组成员面对面地交流，以最直接的方式迅速实现合作目标；

三是在小组合作氛围中蕴含浓郁的互助协作精神，提高学生的团队凝聚力；

四是每一个小组成员都能极大地提升其责任感和义务感；

五是基于学生能力和认知的不同合理分配小组成员；

六是合作学习中教师可以直接指导学生进行技巧性合作，提高教学效率；

七是小组成员具有较强的组织纪律性，相互间是依赖和信任的关系。

二、合作学习在高校英语教学中的重要性

合作学习作为一种高效的教学模式应用于各学科的课堂教学中，教师应基于学生的个人实际、学习兴趣、情感态度和认知水平等，为学生营造合作学习的广阔平台，不断推动师生、生生间的交流互动，帮助学生降低学习焦虑感，提升学习自信心，加强学生的团队协作意识。继而通过合作学习激发学生学科学习的积极性，达到提高课堂教学效率的目的。

三、合作学习在高校英语教学中的应用策略

（一）在高校英语情境提问中践行合作学习

提问是促进学生思维活跃的一种方式，能诱导学生主动思考、求知，提

高学生课堂参与的积极性。因此，在高校英语实践教学中，教师有目的、有意识地创设一定的英语问题情境，在问题情境中践行合作学习模式很有必要。合理的问题情景不仅可以活跃课堂气氛，让学生提前了解课文内容，同时也可以使教师了解学生与家长的沟通状况，还能培养学生的积极参与意识，提高学生的质疑、探疑、析疑和解疑的能力，促使学生英语综合学习能力的提升。

（二）在高校英语写作教学中践行合作学习

传统的高校英语写作教学理念指导下的写作教学，普遍遵循"布置题目—讲解题目—完成写作—教师批改"的教学模式，这种写作教学模式极大地限制了学生主体性地位的发挥，教师成为写作教学的主体，在限制学生思维拓展的同时，也忽视了学生的个性发展。这样的后果便是学生写作思维堵塞、写作模式单一、用词粗糙枯竭、内容干瘪生硬、灵活性较差，继而导致学生"厌写"情绪激增。因此，教师应巧用合作学习来提升学生的写作水平。例如，在话题作文"Smoking is harmful to us"的实践教学中，教师可以先给出关键词汇 cigarette、nicotine 等，还可以将写作中可能用到的一些语法、句型展示给学生，然后鼓励学生分组讨论，并根据写作话题与内容列出讨论要点，继而各小组向教师汇报讨论结果、独立写作，最后将写好的作文以小组成员互换的方式进行评改。这样，学生不仅可以在互助学习中拓展知识，也能在讨论与评改中明得失，经过反复训练，学生的写作能力自然提升。因此，为了提升学生的英语写作能力，在高校英语写作教学中渗入合作学习模式尤为重要。

（三）在高校英语讨论教学中践行合作学习

高校英语教学的开放性、合作性、共享性与包容性，使讨论教学成为践行"合作学习"的一种有效教学手段。合作学习离不开师生、生生间的经常性交流与讨论，课堂讨论是小组合作学习最基本、最重要的形式，在合作学习教学中发挥着举足轻重的作用。例如，在全新版英语教材"Friendship"的实践教学后，为了加深学生对课文内容的理解、巩固与运用，培养学生的发散思维能力，教师可以设定一些与 Friendship 相关的话题让学生展开讨论，对英语课文内容进行延伸与拓展。学生通过思考与讨论，可以根据课文内容与自身经历很快地给出讨论结果，教师可以将最有价值的结果写在黑板上，进行这些进行鼓励与表扬，以此来激发学生的学习兴趣，促进学生思考能力的提升。

综上所述，将合作学习应用于高校英语课堂教学中具有重大意义，合作学习一方面可以改善教师的教学效果，使得高校英语课堂更富有生机与活力，从多方面来促使教师整体教学技能的提升；另一方面，也能极大地促进学生学习能力的提升。因此，作为高校英语课堂教学的组织者和引导者，教师应充分发挥自身的主观能动性，从多种途径践行个性化学习和合作学习教学模式，以达到提升高校英语课堂教学效率、培养学生英语综合运用能力的目标。

第四章 信息技术与高校英语教学

第一节 信息技术与高校英语教学的整合

一、信息技术与高校英语教学整合的内涵

信息技术和英语教学的整合是教育发展的必然趋势。所谓的信息技术与高校英语教学的整合就是以素质教育为主体，将信息技术贯穿于各学科教学中，从而促使学生和教师共同学习进步的一种工具。具体来讲，就是以教师为主导，充分发挥学生自主探究、创新合作的优势，从而调动学生的积极性和创造性，改变传统的以教师为主体的教学方式，让信息技术成为培养学生综合能力的主要途径，进而提升学生的综合素质。

高校英语课程教学改革始终走在我国高校外语教育信息化改革的前列，教育部于 2007 年公布的《大学英语课程教学要求》中明确提出："各高等学校应充分利用现代信息技术，采用基于计算机和课堂的英语教学模式，改进以教师讲授为主的单一教学模式。"随着我国高校英语信息化教学改革的逐步深入，高校英语教学体系建设取得了一系列成果，体现为以下几点。

第一，信息技术与高校英语课程整合后，传统"理论／方法+课程／教材"的二维教学模式逐渐被"理论／方法+信息技术+课程／教材"的新型立体教学模式所取代，信息技术的有益补充是新型高校英语教学体系的一个重要特征。

第二，信息技术与高校英语课程整合后，教学环境变得更加真实、丰富，

师生关系、生生关系，以及师生与教学环境之间的关系都在发生着积极的变化。

第三，信息技术与高校英语课程整合后，高校英语教学理念发生了变化，以教师的"教"为中心的单向灌输型课堂逐渐被教学并重、强调培养学生自主学习能力的多元互动型课堂所替代。两者的整合不仅有助于生态化教学体系的建立，更有助于我国外语教育生态系统的形态、结构和功能发生积极的调整，增强了信息技术在高校英语教学体系中的作用。

二、信息技术与高校英语教学体系的失衡现象

（一）整合理念与高校英语最适度原则的失衡

为解决教学资源短缺、师资紧张的问题，许多高校被迫扩大班级规模。如此一来，教师在高校英语教学过程中就无力关注学生的个体发展需求，故因材施教的个性化教学理念成为空谈，违背了教育生态学的最适度原则。为保证教学效果，高校英语大班教学多采用多媒体教学模式。

然而，信息技术并未真正融合于高校英语课堂之中，具体表现为以下方面。

1.教学班级庞大、教学任务繁重使得教师无力借助多媒体、互联网等组织丰富多彩的课内外教学活动；

2.许多高校的英语教师，特别是年龄较大的教师，受限于自己的教学理念和信息技术掌握水平，使得多媒体教学设施的引入并未从本质上改善其教学组织手段，"以学生为中心"的教学理念并未真正实施。

在这样的英语教学环境中，知识的流动仍然是单向的，师生、生生、教学环境等生态因子之间缺乏必要的信息交流和情感互动，不利于学生的个性发展和自主学习能力的培养，影响了复合型英语人才培养目标的实现。

（二）整合理念与高校英语评价体系的失衡

教学评价是所有教学设计中的最后环节，是高校英语教学体系的一个重要环节。然而，许多高校的英语教学评价仍采用"期末成绩+平时成绩"的单一终结性评价模式，忽略了计算机教学管理软件等信息技术在评价体系中的重要作用。这种评价方式存在评价主体单一、主观性强、缺乏对教学的反馈、与未来工作环境需要脱节等问题，不利于学生个体的全面、和谐发展。因此，构建生态化高校英语教学评价体系，应该改变过去单一的教学评价模式，发挥信息技术的积极作用，尊重学生个体发展的差异性。

三、整合信息技术与高校英语教学体系，维护教育生态平衡

（一）高校英语生态课堂建设机制

作为高校英语生态教学体系的微观层面之一，个性的、互动的、开放的高校英语课堂生态体系的构建程度，直接影响高校英语教学体系的生态平衡状况。高校英语教师要善于借助信息技术打破传统的"平面"课堂，构建数字化、网络化、智能化和人性化的"立体"课堂，建立真实的语言学习环境，加强师、生、环境之间的多向信息流动，强化课堂学习与课外实践的关联性，还高校英语课堂以勃勃生机。

（二）利用信息搜集工具完善高校英语教学目标

在生态化高校英语教学体系中，虽然教师和学生所处的地位、扮演的角色不同，但他们之间是相互依存、相互作用的，只有建立和谐、平等的师生关系，才能实现良好的教学效果。高校英语的教学目标是培养学生的英语综

合运用能力，提高学生的综合人文素质，通过学习策略的培训，增强学生的自主学习能力，满足我国经济社会发展的需要。通过广泛的需求分析，学校和教师可以清楚地了解社会的需要和学生个体发展的需求，从而更好地实现高校英语教学目标，为"通识英语—专业英语"的线性教学实践做好准备。以多媒体、互联网为代表的信息技术的飞速发展，为开展需求分析提供了多种途径，在需求信息搜集中发挥着重要的作用。

（三）利用信息加工工具设置高校英语课程

教师在确定高校英语教学内容时，应结合学生的专业发展需要，并借助信息技术，对相关信息进行加工和分析，明确英语在学生未来工作中的使用场景和任务类型，从而有针对性地确定教学内容。教师在传授英语基础知识的过程中，对于课堂活动和实践（实习）活动的组织，也应该模拟学生未来的工作任务，把语言训练与技能培养有机地结合起来。各高校只有以社会的发展需求和学生的个体发展需要为基础，科学地设置高校英语课程，才能实现高素质复合型英语人才的培养目标。

总之，进入 21 世纪以来，以互联网和多媒体为代表的信息技术的飞速发展，对人们的教育和学习理念产生了深远的影响，改变着传统高校英语教与学的环境和师生关系，为高校英语的教与学提供了前所未有的发展空间。同时，这些改变打破了原有的高校英语教学的生态平衡，引发了诸多的失衡现象。教育生态学作为一门新兴学科，体现了生态学思维和教育学理论的有机结合，强调教育实践活动中各生态因子间的和谐、平衡和可持续发展关系，它为诸多教育问题的研究提供了新的视角。

第二节 信息技术环境下的高校英语微课构建

微课教学作为近年来信息技术快速发展衍生出的新型教学模式，其最大的特点是在传统课堂中融入了现代化信息教学的内容、改变了传统的上课时间。在微课教学模式下，学生于课前通过教师上传于互联网或在教育资源网站自行下载的信息化学习资料，自主地进行学习和研究，掌握丰富的课前预习内容，与不同教师、同学在网络中进行实时互动和交流，进而完成对新知识的学习和对原有知识的巩固。

一、微课的特点与优势分析

（一）微课时间较短

视频资源作为微课教学信息的核心传达方式，以视频的短小、精炼为主要特点。教育心理学研究发现，成年人的注意力相对于未成年人来说更容易集中一些，但是集中的时间长度不足，若持续时间过长，则学习效果会大幅下降，严重影响教师的教学质量。微课视频的时长普遍为10~15分钟，甚至是更短的时间，也就是在学生注意力高度集中的时间内完成全部知识点、考点的分析和讲解，进而实现提高教学效果和质量的最终目的。

（二）微课内容清晰、突出重点

微课主要是针对教学过程中的重点内容和难点内容进行的讲解和分析，

其关键在于点位知识内容完成度高，讲解过程简单易懂，在几分钟到十几分钟的时间内将重点和难点完全呈现在学生面前，利于学生的理解和接受。微课教学呈现出的教学内容清晰、明确，能够很好地将重点突出，通过声音、图像等差异性表达方式的有机融合，将知识点的全部过程包括细微情节全部展现出来，可以培养学生的注意力，激发其学习兴趣，也可以帮助教师完成课堂教学中难以完成的教学目标。

（三）微课视频应用便捷

由于微课教学的重要载体是微视频，微视频又具有内容精简、时间较短的优势，通过互联网平台能够实现各种微视频的快速下载和学习，只要是能上网的地方，拥有移动智能终端或PC端，便可进行满足自己需求的微课学习；只要是有互联网的地方，就能实现教师和学生、学生和学生之间的沟通与交流。由此可见，微课还具有高效率、便捷性等一系列优势，并且受众群体的课堂不再受空间的制约，使传统模式下的固定课堂学习转变为随时随地可进行学习的移动课堂，无论学生身处何处，即使是在图书馆或者公交车上，也可以利用微课进行自主学习的方式完成学习任务。

二、微课在高校英语教学中的影响与作用

（一）激发学生的学习热情，促使学生主动地学习英语

微课教学依托于互联网微视频，将图像、声音等各种信息传达方式结合为统一体。微课对高校英语教学的促进作用表现在以下两个方面：其一，微课能够为英语教师提供更加丰富、种类繁多的教学资源。其二，有利于激发学生对英语的学习热情和兴趣，通过视频学习的方式，弥补英语课堂中的不足，完成英语课堂难以实现的教学任务。

具体而言，教师在以教学内容为基础组织教学互动的实际过程当中，将课堂内需要讲授给学生的英语知识重点和难点制作成符合学生实际需求和虚拟需求的微视频，在课堂中播放给学生，改变了传统教学模式中以教师单方面教授为主的陈旧方法，以新颖、活泼的视频内容吸引学生的注意力，用短短几分钟的时间将知识重点展现出来，进而给学生留出大量的讨论和自我思考的时间，使学生拥有充足的时间去理解和吸收这些知识，加深学习印象。同时，教师在开展微课英语教学的过程中，将传统灌输式的教学方法转变为灵活地安排视频播放的时间，随时可以利用微课营造良好的教学氛围，继而增强学生的学习兴趣、学习热情和学习积极性。

随着互联网、计算机等信息技术的快速发展，网络中各种类别的视频更新速度极快，高校英语课程不再是传统意义上的灌输式教学，也不再是乏味无趣的代名词，而是汇集图像、声音、文字于一体的、特色鲜明的、有声有色的全新学习形式，微课不受时间和地点的制约，只要有网络和简单的上网工具，就可随时随地享受英语学习带来的乐趣。此外，学生在进行微课学习的过程中，如果遇到没听懂、不理解或者特别感兴趣的情况，还可以将视频反复播放，进行强化学习，促进英语学习瓶颈的突破，充分感悟英语语言文化的独特魅力。

（二）实现高校间的英语教学资源共享，提升教学资源质量

微课不但突破了高校英语传统的教学模式，而且是各个高校英语教师重要教学成果的展现，是教育教学工作的关键组成部分。微课作为教师的思想理念与从业经验展现的载体，不同英语教师制作的微课，所表达出的教学思想、教学方式、教学技巧，以及教学风格存在一定的差异。在信息技术的宏观背景下，教师利用互联网信息平台，将自身制作和主讲的微课传到网络共享平台当中，在为学生提供便捷性自学条件的同时，还能够加强英语教师与本校其他教师、英语教师与外校教师，甚至是与国外教师间的交流和资源共享，极大地拓展了高校英语教学资源的种类和数量，为教师提供了更为广阔

的创新空间。由于互联网的覆盖范围极为广阔，英语教师上传于网络平台中的优秀微课教学视频，在随着点击量、播放量的增加，将受到越来越更多的英语教师、英语学习者的关注。反之，质量相对较差的视频将逐渐被淘汰。在需求的促动下，英语微课教学视频资源的质量也会越来越高。

（三）总结优秀英语教师的教学技巧，提高自身的英语教学水平

对于高校英语教师而言，既然采用微课教学模式，便必将涉及视频的内容准备和制作，这也正是教师对教学内容进行再思考的绝佳时机，有助于教师以更加灵活的方式合理地对教学内容进行把控，有助于教师对教学环节的重新组织和构建，是实现英语教学创新的有效举措。

教师在进行视频制作的过程中，常对自己教学中存在的缺点与不足进行总结，力争在视频中准确、完美地呈现教学内容。同时，主动学习其他英语教师的先进教学方法和技巧，探索、学习优秀英语教师的教学思路、理念和范式，充分结合学生的实际特点和需求，将其融入微课当中，实现教学效果的实效性提升。对于不同水平、不同层次的英语教师来说，微课教学的侧重点存在差异较大，年轻英语教师利用微课开展教学，不但能在制作视频资料时找出自身的不足、自我提高，还能学习他人的教学方法、巩固自身理论知识，对其大幅度提高英语教学水平和教学质量大有益处。

随着全国高校教育课程改革的不断深化与完善，高校英语教学的改革步伐被快速推进。然而，传统教育理念和教育思想下的英语教学模式对高校、对英语教育工作者的影响极为深刻，要想实现英语教育的实质性改革难度较大，对英语教师的教学能力、综合素养要求极高。在多重因素的影响下，一些高校英语教学的改革并不能发挥出应有的作用，相较于其他非语言类学科而言，英语科目的改革力量更为薄弱，成效也不明显。

其一，英语教师人数和英语教学任务总量不匹配、划分不合理。在高校

全面扩招的背景下，我国高校在校学生的数量不断上涨，英语作为本科类、专科类学生必须学习的基础性课程，需要面向全校学生进行统一的、有针对性的授课，教师的教学任务量巨大，导致我国高校普遍存在英语教师数量不足的问题。再加上扩招影响下的学生素质上的差异，形成了英语教师想进行英语教学改革，却又无力实现的尴尬局面。

其二，实践教学课时不足。由于高校学生人数的上涨及教师数量的不足，教师在教学过程中为顾全大局、兼顾更多高校学生的英语学习，而被动选择以教师讲授、灌输为主的传统教学模式。学生学习英语最直接的场所就是英语课堂，但在这种教学模式下，教师和学生的英语语言实际交流练习、实际场景模拟练习等实践性教学内容开展频率明显下降，学生在学习的过程中面对枯燥无味的理论知识和练习题难以提起兴趣，无法产生热情，感受不到英语语言交流时的乐趣，教师难以实现对学生的因材施教，不能根据学生的真实英语水平和英语成绩而实施针对性的指导。因此，英语教学的质量和成效难以得到本质上的提升，导致"哑巴课堂"和水课现象的出现。

三、信息技术环境下高校英语微课程构建要求

在国家大力发展信息技术的宏观背景下，微课逐渐普及到高等教育的各个科目中，微课具有内容精简、时间简短、能够准确突出重点和难点、可以重复播放、不受时间和地点的限制等多方面优势，能够有效解决我国高校英语教学过程中存在的大量问题，打破传统教育模式转变与改革进退两难的教育窘境，实现高校英语教学模式的实质性和根本性改革。

在构建高校英语微课课程时，需要加强微课与教学活动的结合，将其融入理论教学和实践教学的各个环节，充分展现和发挥微课的优势与特点，激发学生对英语的学习兴趣，提高学生的英语水平。

（一）根据不同教学时期的需要来选择微课的内容

以英语课为例，教师可将微课教学分为课前、课中和课后三个不同的时期。依照具体的教学要求，英语教师可以选择自己录制英语教学视频，或选择在互联网教育平台中寻找并下载优秀的教学视频，提供给学生进行观看学习。

在课前，教师可以选择针对下节课教学内容的、具有引导性和导入性的微课，或者选择与下节课有关、能够激发学生英语学习兴趣的趣味性视频。

在课中的微课视频选择方面，教师也需要按照具体的教学内容和教学进度进行合理安排，立足于学生的实际学习情况，利用大数据分析技术归纳出学生日常观看次数最多、播放频率最高的视频，继而在课堂上向学生展示。在展示的过程中，需要教师对视频中的内容进行补充和完善，学生也可以随时向教师提问，尽量做到有问题就当场解决。该模式下的英语课堂，能够大幅度地促进学生对英语知识点的理解和感悟，以互动、交流的方式，精准找出学生学习中存在的不足，进而采取针对性策略。

在课后的微课视频选择方面，应选择对课堂内容进行补充、总结的视频，促使学生进一步加深对所学知识的印象、巩固记忆，或者选择能够拓展、延伸学生知识面的教学视频，使学生在观看时发现问题并提出问题，激发学生的独立思考能力。

（二）微课内容设置要符合学生的实际需求

微课不仅是一种全新的教学手段，更是营造良好课堂气氛，激发学生各方面能力的有效工具。因此，教师在英语微课内容选择时，不仅要重视英语知识讲解的功能性，还要兼顾英语语言文化的魅力性，选取能够充分展现英语语言文化特征、展示英语国家风土人情和人文风景的教学视频。虽然以前的英语语法教学范式已经被淘汰，但语法却依然是大部分高校学生学习当中的难点，所以教师在选择视频内容时，还要注重英语教学视频的语法性，对课堂中的语法教学内容进行补充，以声情并茂的视频讲解提升学生的英语语法水平。

在微课制作方面，应充分考虑教学情境的带入，使学生在观看的过程中能够体验语言环境。此外，教师也可以让学生参与微课制作，成为视频内容的主导人和策划人，学生从自身实际需求的角度出发制作视频，继而使视频内容更加贴合于学生的特点。例如，教师可以将微课制作成对话模式，学生能够在观看的过程中通过按键切换，与视频中的教师完成模拟英语语境对话，学生通过反复练习，其英语口语水平和听力水平将得到不断提高。

在微课内容选择或视频制作的过程中，需要注意微课内容的延伸功能，不能偏离教学重点，不可追求范围广、内容繁多的讲解，内容要有针对性。此外，为提高微课视频对学生的影响力，在制作微课视频时，教师应找准学生的心理特征，将社会实时性热点引入视频当中，或将视频内容附带一定的娱乐性色彩，让学生充分感受英语语言的魅力。例如，在制作微课视频时，可以将年轻人普遍喜爱的卡通动漫等融入其中，激发学生的学习兴趣。

综上所述，随着现代信息技术的不断提高，计算机、大数据等高新技术涉及的领域不断拓展。高校作为我国培养应用型、复合型人才的主基地、主战场，必须与时俱进，应将信息技术合理应用于教学改革和教学创新的实际工作中，充分结合微课、翻转课堂等现代化教学模式，合理把握课前、课中、课后三个时期，将英语微课渗透其中。在合理安排课程时间和内容的基础上，激发学生对英语的学习兴趣，提升学生的英语水平和实践能力，使学生带着问题走进课堂、带着问题离开课堂，并通过观看视频教学来解决问题，进一步激发学生的自我思考能力。因此，将微课合理运用到英语教学当中具有极高的可行性。

第三节 信息技术环境下的高校英语课堂有效教学

"有效教学"是一个动态的概念,是不同时代背景下人们对教学系统理想状态的期待。随着时代的变迁、教育技术的进步、教育观念的演变、教研理论的发展和教育研究范式的革新,人们对"有效教学"的认识也会经历一个从量变到质变的过程。每当教育技术领域出现质的突破,人们对"有效教学"就会表现出新的期待,需要研究者对"有效教学"进行顺应时代的诠释。

随着信息技术与教育融合的不断深入,"有效教学"的研究背景已与传统研究背景迥异,课堂教学结构、教学模式与评价标准都应顺应信息化的时代潮流,人们对"有效教学"概念的认知也在不断地被解构和重构。因此,随着以互联网和移动通信技术为标志的信息技术与教育的结合越来越紧密,重新审视高校英语"有效教学"具有重要意义,下面将探索信息化背景下高校英语"有效教学"研究的主要内容和可能途径。

一、融合信息技术的高校英语课堂"有效教学"

"有效教学"概念于 20 世纪 60 年代西方教育的科学化运动中提出,几十年以来,众多学者对"有效教学"的研究从未停止,且随着时代变迁和教学观念的变化,研究的视角和焦点也在不断变化。例如,从最初只对教师的特征和品质的研究发展到对教师的教学行为和教师知识的关注,以及对教师与学生的心理、行为特征和课堂生态的研究,研究的视野逐渐从教学系统的某一个或几个要素的作用扩展到对整个教学生态系统的关注。也就是说,学者们渐渐认识到了所谓的"有效教学"不是教学系统中某个孤立的要素或几个相关要素的"部分有效",而是作为系统的教学在"整体上有效",只有教学系统中要素相互配合、相互适应,共同维持一个健康、高效运转的课堂教学生态系统,这样的教学才是真正意义上的"有效教学"。

信息技术作为课堂教学系统的要素之一,不再仅仅扮演教学辅助工作的角色,而是要成为重塑系统要素关系的主角;信息技术不再仅仅是内容展示的工具,更是营造学习环境、发展学生认知能力和构建学习社区的工具。在此背景下,其他要素的角色和功能也相应地与传统课堂迥异,课堂"有效教学"的内涵和标准也因此需要重新定义。可以从结构、模式和评价标准三个维度构建高校英语有效教学研究框架,这种结构、模式和系统评价"三位一体"的研究框架强调教师、学生、教学内容与信息技术的相互适应和协同发展,可以有效地促进课堂教学系统健康地发展。

二、信息技术环境下高校英语课堂有效教学结构及模式研究

(一)融合信息技术的高校英语课堂有效教学结构的内涵

所谓的教学结构,是指在一定的教育思想、教学理论和学习理论的指导下,在某种环境中展开的教学活动进程的稳定结构形式,是教学系统各要素及各要素相互作用的稳定关系。信息化背景下的高校英语课堂教学结构研究,关键是要探讨在信息技术广泛介入教学和学习过程的情况下,课堂教学系统要素即教师、学生、教学资源和信息媒体如何互动并促进有效教学的,要探索信息化背景下高校英语课堂有效教学的影响因素及其相互关系。

(二)融合信息技术的高校英语课堂教学结构、教学模式研究

教学结构研究探索教学系统要素间的相对稳定关系,是从静态的角度描

述融合信息技术的高校英语课堂有效教学"是什么"的研究；而教学模式研究则是探索如何使教学系统诸要素的关系在教学活动中展现规律，"教学模式是开展教学活动的一套计划或模型，是基于一定教学理论而建立起来的较稳定的教学活动的框架和程序。"如果把课堂教学看作由教学结构、教学模式和教学策略三个不同层次构成的复杂系统,教学模式属于系统的中间层次，融合信息技术的高校英语课堂有效教学模式则是联系信息化背景下教育思想和教学实践的桥梁和纽带，它不仅反映教学设计者的教学思想，而且能直接面向教学实践、指导教学实践。

建立在信息化教学理论基础上的高校英语课堂有效教学研究，采用"基于设计"的研究路径。首先，从理论上"设计"高校英语课堂教学模式，然后在真实的教学环境中实施，以验证其效果；通过分析教学实践效果和反馈信息进行反思，并对设计进行改进；通过不断地迭代循环逐步排除设计缺陷，使模型设计臻于完善和值得信赖，从而保证教学模式的有效性。

（三）融合信息技术的高校英语课堂有效教学评价标准

无论是教学结构模型的探索和验证，还是教学模式的设计与完善，都需要教学实践经验和数据的支持。因此，教学效果反馈应该贯穿于高校英语课堂有效教学研究的全过程。课堂教学评价体系的建立，为有效教学结构和教学模式研究提供信息反馈和监控机制，是融合信息技术的高校英语有效教学研究设计必不可少的组成部分。

融合信息化技术的高校英语课堂教学评价包含两个方面：一是以信息技术为辅助工具的教学评价，如借助信息技术平台和大数据实现对课堂教学更加准确、更加及时的反馈和监控；二是以信息技术作为课堂教学系统要素之一，评价信息技术与其他要素相互作用协同发展的有效性。本研究主要关注后者，即研究融合信息技术的高校英语课堂教学系统各要素是否相互配合，以达到最优的教学过程和令人满意的教学结果。

对于这方面的研究，健康课堂生态理论具有借鉴意义。健康课堂生态系统是一个以教师教学活动和学生学习活动为中心，活力、组织结构、恢复力三要素动态平衡，它们分别发挥激发、协调、调控的功能，共同保障课堂生态系统的健康运行。借鉴健康生态理论，本研究中的"融合信息技术的高校英语课堂有效教学评价体系"可以从高校英语课堂教学系统的活力、组织结构和恢复力三方面，来构建高校英语课堂有效教学的构念维度，即从教学投入、学习投入、互动性和课堂生态恢复力等维度，分别评测教师和学生这两大活力主体的能量和活动性、活力主体间与教学环境互动的复杂性、活力主体的活动符合对方需要的"合意度"、课堂生态在外力胁迫下维持理想状态的调控能力等。

借鉴健康课堂生态评价理论进行高校英语课堂教学结构和模式研究，要想切实体现信息化背景下高校英语课堂教学的实际情况，还须征求英语教育专家、一线英语教师和学习者的意见，并与实际教学经验和案例相结合，才能使理论得到验证和完善。具体可以通过专家咨询、师生访谈和案例分析等形式收集信息，总结高校英语课堂有效教学评价维度和主要因子，然后展开实证研究。通过大规模的问卷调查和数据统计，对评价量表进行实证检测，可使这些因子得到确认或修正、补充和完善。

在信息化背景下，将以教为中心的教学结构转变为"主导—主体"的教学结构，网络不仅仅给课堂带来了先进技术，且教师、学生、教学资源和教学媒体这四个课堂教学的核心要素在教学过程中的作用和表现形式也都发生了实质性的转变。以上在回顾以往有效教学研究历程和成果的同时，立足信息化背景，怀着对"信息技术与教育深度融合"的追求，提出了融合信息技术的高校英语课堂有效教学研究设想，即基于扎根理论的教学结构研究思路、基于设计的教学模式探索路径和基于健康课堂生态的有效教学评价体系的研究构想，旨在为信息化背景下高校英语课堂有效教学研究提出设想，并将在随后的研究中逐步实施和修正该研究方案，以期推动高校英语有效教学研究不断适应教育信息化发展的要求。

第四节 利用信息技术优化高校英语任务型教学

计算机网络和多媒体技术的普及，给人们的生活带来翻天覆地的变化，也为教育的发展带来契机。信息技术大大丰富了课程资源，拓宽了学习的渠道，改变了知识的呈现方式、教与学的方式，引发了教学的革新。充分利用现代信息技术促进信息技术与课程的整合，解决传统课堂教学存在的不足，实现教学创新，提高教学质量，是每个教育工作者关心的问题。

一、任务型教学法及其局限性

（一）任务型教学法概述

任务型教学法是一种以"任务"为单位组织语言教学活动的途径。任务型教学法要求学习者在真实或接近真实的情境中，以完成任务为导向，通过目的语进行意义的创建和交流，实现对语言知识的掌握。它强调在"做中学"，让学习者成为课堂的主体，充分调动学习者的积极性，因而能够促进学习者语言技能的培养；完成任务的过程是培养学生分析问题和解决问题能力的过程；在沟通与协作的同时，提高学习者用目标语言进行交流的能力。因此，任务型教学法体现了"以学习者为主体"的教育理念，备受教育工作者的推崇。

（二）任务型教学法的局限性

任务型教学法具有诸多优势，因而越来越多地被应用于高校英语课堂教学中。然而，笔者在教学实践中发现，在传统课堂实施任务型教学法并不能发挥其全部优势，达不到应有的教学效果，问题主要体现在以下几个方面。

1.情境创设问题

真实的教学情境具有实际意义，能够激发学生的学习欲望。任务型教学法强调，必须将真实的情境引入语言学习中，创造有效的学习环境。创造有效的学习环境必须满足三点，即让学习者充分地接触目的语、为学习者提供机会用目的语进行交流和激发学习者的学习动机。因此，教师要为学习者设计真实的或尽量接近真实的场景。然而，在传统课堂环境下，教师以口授加板书的形式展开课堂导入，呈现方式呆板、枯燥，无法创设真实的情境，继而无法提供真实的任务，课堂气氛沉闷，结果是无法激发学习者的学习动机，不能为学习者提供交流的机会，教学效果会大打折扣。

2.教学资源问题

任务型教学法要求学习者以解决"任务"为导向，开展探究活动。真实任务的解决，有赖于多层次、高质量、丰富的信息资源。然而，在传统课堂环境下，教学资源只限于有限的材料，所有学习者面对的是统一的教学资源。孤立、封闭的有限教学资源，无法拓展学习者的思路进而找到解决任务的最佳方案。同时，完全一样的教学内容无法满足不同基础、不同学习风格的学习者的需求，无法实现个性化教学。

3.协作交流问题

任务型教学法重视交际与意义，强调学习者在参与活动、完成任务的过程中，通过有目的地互动掌握语言。交际任务要求学习者在课堂活动中运用已有的知识以目的语来表达意义。可以看出，任务型教学法强调参与和互动，强调学习者在完成任务的过程中运用已有的目的语知识进行交流协商和意义构建，在协作与交流过程中，学会以目的语交际，实现对目的语的掌握。因此，开展高校英语任务型教学必须重视"互动"。然而在传统的课堂环境下，由于课时和场地的限制，一半以上的学生没有机会进行表达，大多数学生基本上是独立思考或两人协商,无法充分交流与协作,不能全面完成任务,无法发挥任务型教学的优势。

4.评价体系问题

教学评价是高校英语教学的重要组成部分。教学评价一方面为教师提供了教学反馈,从而调整教学手段、保证教学质量;另一方面帮助学生了解学习情况,从而调整学习策略、提高学习效率。因此,制定全面、科学和准确的评价体系,对高校英语教学非常重要。然而在传统的课堂教学中,评价侧重学习结果,而不是学习过程,形成性评价给终结性评价让位;教师是评价的唯一主体,无法实现学生相互评价与自我评价;学生在评价中只是被动地接受评价,而无法参与评价方式的制定;评价只限于书面作业和问答类,形式单一,无法调动学生的学习积极性。

二、利用信息技术优化高校英语任务型教学设计

(一)利用信息技术优化情境创设

通过以计算机网络和多媒体为核心的信息技术,改变传统课堂单一枯燥的创设情境,融入图片、声音和影像,使得教学情境图、文、声、像并茂,以综合表现呈现语言,创造高效的语言学习环境,变单一枯燥为形象生动,使学生变被动学习为积极主动学习,充分激发学生的学习兴趣。教师利用信息技术优势,为学生创设真实、自然、与现实生活密切相关的情境,让学生多层面、全方位地接触英语,用英语展开交流,激发学生的探究欲望,促使学生积极主动地投入学习。

(二)利用信息技术优化教学资源设计

现代信息技术的超文本功能突破了书本的限制,互联网的庞大数据库将

教学内容由课堂向课外无限延伸，解决了传统课堂统一、有限、封闭、孤立的教学资源问题。教师依据学生的不同基础、不同风格，将网络海量资源进行梳理和整合，开发适合学生需求的教学资源，设计网络学案，因材施教，既涵盖大多数学生的共有需求，控制好难度，做到难易适中，又考虑到学生的个体需求，实现差异化和个性化教学；学生在丰富的多元化语言环境中，根据自己的基础和兴趣等选择需要的学习资源，开展网络探究，完成任务，在这一过程中提高语言的综合运用能力，实现语言习得。

（三）利用信息技术优化协作交流

在由信息技术创建的交互式教学环境下，学生在教师的主导下，通过电子平台进行学习，完全摆脱了时间和空间的限制，以小组为单位建立学习共同体，开展合作和交流，在共享集体思维和智慧的基础上，全面、正确地理解所学的知识，最终完成相关的教学任务。这样的交互式教学环境为每位学生提供有利的学习条件，把每位学生的积极性调动起来，让学生主动地参与和实践，真正成为教学的主体；教师不再是课堂的主宰者和知识的掌控者，而是学习过程的设计者、组织者、引导者、协助者和辅导者，打破了传统的师生、生生关系，彻底改变了传统的师生角色，真正实现"以学生为主体，以教师为主导"的教学理念，充分发挥任务型教学的优势。

（四）利用信息技术优化评价设计

通过多媒体网络环境建立动态电子评价档案，可以将学生每一阶段的学习情况，包括探究、协作活动的参与情况及任务的完成情况纳入评价的范围。动态的评价方式可以对整个学习过程做出完整的评价，确保评价的全面性；评价的内容既包括学习过程和结果，又包括态度和情感；通过网络实时将评价结果进行反馈，可以帮助学生及时了解学习状况，调整学习方法；在教师评价之外，将学生和小组成员纳入评价主体，通过自我评价，使学生由被动接受评价变为主动参与评价，明确学习目的，培养责任感，同时加强小组成员的互评，提高共同学习和团队协作精神，将自评、互评与教师评价相结合，制定合理的比重，使评价结果更客观、更准确；让学生参与评价方式的制定，促进学生对学习活动进行思考，调动学生的参与积极性；评价形式多样化，成果可以是主题报告、角色扮演、设计的网站等；形成性评价贯穿整个教学活动的始终，与终结性评价相结合，使整个评价体系更全面、客观、准确，调动学生的学习主动性，成为促进学生有效学习的良好手段。

实践证明，通过信息技术优化情境创设、教学资源、协作交流与评价体系，可以克服任务型教学法的局限性，弥补高校英语任务型教学的不足，有助于充分发挥其优势，提高教学质量。

第五章 高校学生英语能力培养

第一节 高校英语教学中学生交际能力的培养

随着经济的全球化发展，各国间的经济、文化交往更加密切，也对英语学习者的要求更加严格。对于英语学习者来说，除了成绩单上的数字外，更要拥有过硬的交际能力，高校英语教学也应注重这方面的研究和实践。

一、交际能力培养的定义及意义

（一）交际能力的定义

交际能力就是一个人和他人和谐相处的能力。人不能离开群体而单独生存，所以无法避免地要与人交际，而交际是协调集体关系的关键。换言之，交际能力就是指与不同社会文化集团成员交往时得体地解决说什么和怎么说的能力，且口语教学的目的是培养学生的交际能力，语言不能只作为知识来传授，而应作为技能来培养。

（二）交际能力培养的意义

海姆斯在《论交际能力》中指出，一个人潜能的发挥主要依靠他对语言与语言实际应用能力的掌握。从更深的层次来看，交际能力不仅包括语言的基础知识，还包括语言的应用能力及心理应变能力。

目前，英语作为全世界广泛使用的语言逐渐被关注，对其学习者的要求也较严格，各行各业都需要能充分掌握和运用英语的人才。在我国，由于受到语言环境等的限制，大部分学生接触的英语局限于课堂交流或者学校组织的定期交流活动方面。此外，一些教师只注重单词和语法方面的教授，使得学生的外语学习眼光变得较狭隘，许多大学毕业生的实际外语能力十分欠缺。为了提高学生的外语运用能力，就应将外语学习放到实际语境中去检验，这就要求高校学生在英语学习中不但要培养听、说、读、写的能力，还应不断强化练习，提高自己运用英语的能力。

二、影响交际能力获得的因素

（一）语言环境缺乏

英语学习者的目标是能够熟练地运用这种语言，英语学习对于我国的高校学生来说并非易事，主要原因是语言环境的缺乏。

从外部条件来说，首先，汉语和英语的语系不同，在汉语环境氛围下学习英语本就不容易；其次，由于学生的英语掌握程度和运用能力不同，许多外语教师在课堂上仍使用汉语来授课；再者，语言的形成需要环境的刺激和锻炼，对于高校学生来说，真正需要锻炼的是听、说能力，但实际上学生使用外语交流的机会非常少，这也是一种学习的局限性。

从内部条件来说，学生是被动接受这门外语的。从小学开始，英语就是一门必须考查的科目，许多老师也偏向从成绩方面考查学生的学习情况，导致学生从小就对英语学习造成误解，甚至排斥英语学习。

（二）文化差异影响交际

语言和文化是不可分割的。第二语言学习者的交际能力要建立在扎实的目标语基础之上，对于同样的语句，不同文化的人就会产生不同的理解。为了避免这种文化差异带来的理解差异，学习者了解目标语的文化是语言学习道路的必经之路。沃尔夫森曾经说过："在与外国人的交往中，操母语的人往往能容忍语音和句法错误。相比而言，违背语用规则常常被认为是不礼貌的，因为操母语的人不大会意识到社会语言的相关性。"

三、高校英语教学中培养交际能力的策略

英语教学目的并不只是培养学生掌握词汇和语法知识以获得杰出的成绩，也不是要有多么完美的发音，英语教学的目的应该是在了解英语文化的基础上掌握并流利使用该语言。

（一）教师要具备扎实的英语文化素养

沟通交际的有效性，会因英语的历史文化背景和社会制度等而受到影响，这要求教师具有丰富的英语文化素养。教师在培养学生跨文化交际能力时，要让学生了解英语与汉语在语言上表达的不同，运用自己的知识分析语言差异的原因，来让学生增强英语语言文化背景知识的学习。同时，教师自身也要追求进步，提升自己的语言文化能力，在学生交际能力学习中起到带头作用。

（二）做到教学模式和教学手段与时俱进

传统的语法"填鸭式"教学已不适应时代发展的要求，人们逐渐意识到单纯的语法知识已经不能满足社会的需求，进而把对学生的培养目标延伸到

了交际能力上。

交际能力需要学生拥有更强的自主性，曾经以教师为主的课堂教学已不再适合，所以在教学模式和教学手段上应做到与时俱进。学生是学习过程中掌握主动权的人，而教师需要做的只是给他们引导、做辅助。因此，教师应创造机会让学生主动学习，激发学生对英语学习的兴趣。教师要把交际能力的培养放在英语教学的核心位置上，充分利用课堂外教学，组织一些课外活动来促进学生交际能力的培养。

（三）多途径创造语言环境

网络的发展，为高校学生学习英语提供了很多便利。它有丰富的语言文化学习资源，是跨文化学习的重要平台，能让学生切实了解英语国家的日常生活、风俗习惯和社会关系等知识。同时，外语经典名著中也包含了大量的政治、文化和生活等内容，阅读名著除了可以加深对其文化背景的了解，还能扩大学生的知识视野。教师可以充分利用网络的便利性和丰富性，以及书籍的导向性，引导学生浏览对英语学习有益的网站、自媒体和书籍等，通过多途径为学生创造学习语言的环境，增强学生对英语文化及其背景等知识的掌握程度。

人类在社会化的进程中，在无意识地习得价值观念、思维模式和社会规范的同时，可以习得交际能力，并用其传递价值观念、信仰和社会规范等。正是交际的这种作用，才使人们理解社会现实、经验和观念。教师要用不同方法培养学生的跨文化交际能力，拓展学生的文化视野，增强学生运用语言的能力，为未来的发展奠定基础。

第二节 高校英语教学中学生应用能力的培养

在高校英语教学中，学习能力与综合应用能力有着紧密的联系，综合应用能力的有效培养，需要完成自主学习能力的有效培养。教师应该更加关注英语教育的实用性，在教学中着重培养学生的综合应用能力。

一、综合应用能力概述

近年来，高校英语教学改革越来越深入，不断加强对学生英语应用能力的培养，基于学生英语应用能力培养的重要性与现状，提出相应的教学建议，希望能使高校英语教学的有效性得到提升。

一般情况下，大多数学生完成学校学习后，都会以独立而自由的个体进入社会，所以对于高校学生的培养，除了必要的知识外，还需注重对其自主性、独立性和创新性等方面的培养，促使学生进入社会后具备终身学习的意识与能力，具备提升英语应用的能力。

在高校英语专业的教学中，英语应用能力指的是学生获取英语知识，将英语知识迁移到实际生活中，应用英语灵活进行交际等方面的能力。对高校学生英语应用能力进行培养时，要求教师将学生当作教学活动开展的中心，为学生组织一系列需要通过探究与合作来完成的学习活动，使学生可以参与到习得知识的整个过程中。

在此过程中，对学生的英语综合应用能力进行有效培养，可以使学生将英语知识灵活应用到各种场景中，并不断提升自身的英语水平。实际上，对学生的英语应用能力进行培养蕴含着终身教育思想，在培养学生英语综合应用能力方面具有重要意义。

二、高校学生英语综合应用能力培养现状分析

（一）学生在教学过程中的主体地位不够突出

现阶段，高校英语课程改革日渐深入。在改革过程中，虽然不断强调学生的主体性，但在班级设置、教学任务和教学模式等多个因素的影响下，英语教师开展教学活动时，教师仍然是课堂的主角。此外，部分英语教师应用的教学方法比较传统，还是照本宣科地将英语理论知识灌输给学生，学生难以有效地参与到学习过程中，这严重影响了对学生英语应用能力的培养。

（二）应试教学模式忽略了对学生英语综合应用能力的培养

相关调查结果显示，80%以上的高校学生学习英语的主要目的是通过全国大学生英语四、六级考试，这些学生一般不会主动参与教师组织的教学活动，而是背诵大量词汇、做大量习题。这虽然在一定意义上是综合学习的表现，但难以实现英语知识综合应用能力的有效培养。

此外，尽管教育部门已经对全国大学生英语四、六级考试进行了改革，其考试越来越倾向于对学生英语综合应用能力的考查，但从就业市场看来，很多用人单位仍然将全国大学生英语四、六级考试成绩作为对高校毕业生英语学习能力的主要评价指标。受此影响，高校英语教学仍然或多或少地残留应试教育的影子，教师过度注重学生的英语理论知识方面的提升，在一定程度上忽视了其综合应用能力的培养。

（三）"学以致用"难以实现

目前，部分高校在选择英语教材时，教材中的内容与学生的实际生活存

在一定程度的脱离，英语教学内容大多注重对学生听、说、读、写等方面的能力进行培养。在这样的英语教学中，所涉及的英语大多为书面英语，与实际生活的联系性不强，应用型英语知识不多，即使经常组织英语口语学习活动，也难以实现学生综合性英语应用能力的有效培养。

此外，在班级容量和教学时间的限制下，现阶段的高校英语教学内容仍以课文的精读为主，其中穿插少量的口语与听力练习，难以实现学生英语交际能力的有效培养。

三、高校学生英语综合应用能力有效培养的教学建议

（一）更新教育理念，创新教学模式

在教学实践中，教育理念直接关系到教学活动的组织是否可行、有效，目前，建构主义、交际理论和人本主义理论等教育理念已经被融入英语教学中，在很大程度上促进了英语教学质量的有效提升。因此，在进行英语教学时，教师应该注重教育理论的更新及教学模式的创新，将以人为本的理念融入教学活动的组织过程中，以"学习论"来替代传统教学中的"教学论"，使学生可以积极地参与学习的整个过程，从而实现"以学生为中心"的教学。此外，教师还应该注重学生语言应用能力的培养，逐渐将"知识与技能传授"的英语教学模式转换为"学习能力培养"的英语教学模式，使学生成为知识的建构者，主动地对自己的英语知识结构进行建构。

在具体的教学中，教师需注重教学模式的创新，为学生创建更多的可以积极参与学习过程的机会，并设置一些探究性的任务，要求学生以正确探究的形式完成，这样才能够实现学生英语语言应用能力的有效培养。

（二）发挥学生主体作用，实现综合应用能力的有效提升

为使学生在教学过程中的主体作用得到有效发挥，需从教师角色的转变入手。在传统的高校英语教学中，由教师来讲授课堂主要教学内容，学生扮演的只是听课者的角色，也就是说，课堂中的英语学习由教师来主导。而若有效培养学生的英语综合应用能力，则高校的英语教学模式需将学生作为中心，教师在交互式、启发式的教学模式下授课，只有这样，学生才不再是知识的被动接收者，而将变为信息的有效加工者和知识的主动建构者。

在具体的教学中，教师需将小组合作、任务教学法和情景教学法等具有实践性的教学法积极引入课堂，为学生组建一系列可以参与其中的教学活动。例如，教师可积极引入小组合作的教学方法，在关于阅读与写作的教学中，教师可依据实际情况将学生分成不同的小组，为学生提供一些英文版的名著书目，指导学生以小组合作的形式完成阅读，以小组为单位用英语提交读书报告，每组推选出一名代表宣读报告。

在这个过程中，为了能够写出精彩的读书报告，学生势必会积极展开小组讨论，共同对书籍中的句子、观点等进行总结和讨论，可以积极培养学生学习英语的能力。与此同时，在做读书报告的过程中，学生们可倾听其他小组的观点，并将自己不同的看法表达出来，这个过程也是对做报告的学生的英语口语、表达能力的有效提升。这种方式不但可以对学生学习英语的能力进行有效培养，而且能够促进学生英语综合英语能力和综合素质的提升。

（三）引入分层异步教学，实现因材施教

在对高校学生实施英语教学时，教师需加强对学生个体化差异的尊重，依据学生具体情况对教学方法进行灵活改变，以实现学生的全面发展。因此，在对学生英语综合应用能力进行培养的过程中，教师需注重个性化教学的实施，对于不同的学生，设置不同的学习任务，提出不同的学习要求，以帮助学生找到适合自己的英语学习方法，进而让学生进行有效学习，在学习的过

程中不断提升英语应用能力。高校可对英语课程进行分级设置，一般分为一至四级，依据学生的英语水平，将学生分成不同的班级，在各个层级的班级设置不同的学习起点。同时，高校还可以针对语言技能、语言文化和综合英语等方面的内容，开设相应的课程，以选修课的形式供不同学生进行选择，学生可以选择自己感兴趣的英语课程进行学习，此种方法可以激发学生对英语学习的兴趣。

此外，高校还应该注重网络教学的实施，设置"助学课件"供学生在网络上下载学习资料，让学生能够依据自己的英语水平对学习进度与学习重点进行把握。例如，英语基础较差的学生可以侧重于词汇和语法的学习，听力较差的学生可以反复聆听听力材料，口语较差的学生可以通过观看影片等进行模仿练习，英语水平较高的学生可以选择自己感兴趣的英语材料进行学习，进一步提升自身的英语水平。网络学习材料的选择与网络教学的实施，可以促进学生的英语语法、英语口语和语言应用等多方面能力与水平的提升。

（四）拓展第二课堂，实现英语应用能力的有效培养

大学生英语综合应用能力的培养不能局限于课堂教学，还需注重第二课堂的拓展。对此，英语教师可积极与学校团委、社团等合作，共同组织英语演讲比赛和英语交流茶话会等活动，为学生提供更多的用英语交流机会，使学生的英语应用能力得到有效提升。同时，如果组织、开展与英语的相关活动，教师与学校都应该对参赛学生进行评价，教师的评价需以鼓励性语言为主，增强学生学习英语的信心，在学校的评价方面，可对参加活动的学生进行全校表彰、颁发荣誉证书和给予学分奖励等。这样，可在全校范围内形成浓厚的英语学习氛围，更多的学生会受到感染，加强对英语的学习，更加积极参与教师组织的教学活动和学校开展的英语竞赛和英语交流等，使学生的英语综合能力在参与活动的过程中得到有效培养，让学生可以灵活地将英语知识应用到实际生活中，灵活地应用英语与他人进行交流。

总之，高校教师在开展英语教学时，加强学生的英语知识综合应用能力

培养十分重要，直接关系到培养英语人才的质量。因此，英语教师应该不断更新教学方法，在培养学生良好的英语学习习惯和英语学习能力的同时，对学生英语知识的应用能力和综合素质等进行有效提升，使学生能够全面发展，进而培养出更为优秀的英语人才。

第三节 高校英语教学中学生翻译能力的培养

近年来，我国越来越多的学者认识到重视培养学生翻译能力的必要性。总的来说，这种必要性主要来自两个方面的需求。其一，社会需求。进入全球化时代，我国对外交流已深入政治、经济、文化和科技等各个领域，需要一大批具有翻译能力的人才，而仅靠少数外语学院的毕业生无法满足这种需求，所以普及翻译教学具有重大的社会效益。其二，学生需求。学生对翻译的兴趣和需要具有普遍性，与专业无关，通过学习翻译可以提高他们的英语整体水平，尤其是英语应用能力。而如何培养学生的翻译能力，目前在我国的讨论尚不太多。下面，笔者基于前人相关的翻译能力研究成果，来探讨培养学生翻译能力的途径。

一、翻译能力的定义及构成因素

西方研究者们从不同角度对翻译能力进行了定义，其中描述较为准确及全面的是西班牙巴塞罗那自治大学的翻译能力习得过程和评估小组给出的定义，即"翻译能力是译者在翻译中所必需的潜在知识和技能体系"。

目前，中西方研究者普遍认为翻译能力是由一系列分项能力构成的，但对于它究竟包含哪些分项能力有着不同的看法。颇具代表性的观点有以下几种：Neubert 认为翻译能力由语言能力、文本能力、主题能力、文化能力和转换能力构成。其中，转换能力是译者独具的能力。翻译能力习得过程和评估小组在实证研究的基础上认为翻译能力包括双语能力、语言外能力（关于常识和专业学科的知识）、翻译专业知识能力、工具能力（使用文献资料及其他技术的能力）、策略能力（计划整个翻译项目、保证翻译过程具有效率、发现并解决问题等能力）和心理—生理要素（包括注意力、记忆力和毅力等在内的认知、态度因素及心理运动机制）。文军认为翻译能力包括语言/文本能力、策略能力、IT 运用能力、自我评估能力和理论研究能力。

二、在高校英语翻译教学中应主要培养学生的几个分项能力

基于上述有关翻译能力的研究，结合非英语专业学生自身需要及专业背景，笔者认为，在高校英语翻译教学中应主要培养学生以下几个分项的能力。

（一）双语能力

1.双语能力是非英语专业学生翻译能力的核心

英汉互译涉及英汉两种语言的转换，因此具备扎实的英汉双语基础是搞好英汉互译的前提和基础。杨晓荣认为，如果译文皆是语言错误，就无从谈及翻译水平的提高。翻译能力的基础是语言运用能力，具备了这种能力，很多技巧就是顺理成章的处理方法。Bergen 指出，仅有极少数的译者具有完全的双语能力，而绝大部分的译者仍然是语言学习者。非英语专业学生尤为如此，他们在英汉语言互译能力和水平上都亟待提高。

2.非英语专业学生双语能力培养中存在的问题

（1）英语基本功不扎实

学生的英语语言基础薄弱体现在英译汉中对原文理解的失误，以及汉译英中表达的失误或不地道。在英译汉中，对原文理解的失误主要表现为词义识记不准确、词义掌握片面单一、缺乏语境意识和语篇意识。

例1 原文：The success of two people's relationship has a lot to do with how compatible they are.

学生译文：两个人关系的成功与他们之间合作的程度有很大的关系。

在这个例子中，学生将"compatible"（和睦相处的）译为"合作"，显然，这是对单词记忆得不准确所致。

在汉译英中，非英语专业学生与其他中国学习者一样，难点和主要问题在于英语的表达能力，主要表现为英语词汇缺乏、对词语搭配不熟悉、对英文的语法和结构的掌握不够，以及不注意英汉语言的主要差异等。

例2 原文：有些人甚至选择长途背包旅行。

学生译文：Some people even choose to travel with bags.

从这个例子可以看到，学生因英语词汇缺乏，没能找到合适的词表达"背包旅行"的意义。

例3 原文：有朋自远方来，不亦乐乎？

学生译文：Isn't it a great pleasure that meet friends from afar?

这个例子显示出学生对英语从句的概念理解不清楚。

例4 原文：他们强调，人们应当读好书，尤其是经典著作。

学生译文：They stressed that people should read books, especially the classic books.

这个例子显示出，学生没有注意英汉语言各自的特点。在例4中，译文受到原文的影响，用了两个"books"，而这不符合英语喜用替代、不喜重复的特点。

（2）汉语基本功不牢固

学生的汉语语言素养也有待进一步提高，这体现在汉译英时对原文理解的失误及在英译汉时表达的不妥或不通顺上。

例5 原文：农夫在山上砍柴采药。

学生译文：Farmers are chopping wood and collecting medicine in the mountains.

这个例子显示出，译文出现问题主要是由于学生对原文的理解出现了偏差。例5中的"药"应指的是"草药"，所以最好译为"herbs"或"herbal medicines"。

3.在翻译教学中继续提高非英语专业学生的双语能力

从以上分析可以看出，非英语专业学生在汉语和英语语言素养上都亟待提高，在翻译教学中可以通过以下方法提高学生的双语能力。

第一，所选用的翻译教材应突出对双语语言能力的培养与重视。教材中应包括可以帮助学生熟悉与话题相关的词汇和表达法、英汉语言对比相关知识，使学生在翻译实践中选词更准确、达意，译出符合汉语或英语表达习惯的句子，以提高译文的质量。

第二，通过大量的翻译练习及对这些练习的讨论与讲评，提高学生的双语能力。在做翻译练习的过程中，教师可以让学生将遇到的语言问题记录下来，并在课堂上与其他同学一起讨论，教师再进行讲评。

第三，鼓励学生在课下阅读经典的中英文名作及其译作，体验作品中的选词、造句和谋篇的方式，提高自己的审美修养。

（二）跨文化能力

语言与文化是密不可分的，这就决定了翻译与文化的密切关系。翻译不仅仅是语言的转换，而且是文化的交流。因此，译者不仅应具备双语能力，还应具有一定的跨文化能力。传统的高校英语教学重视语言的讲解，忽视文化因素的分析，这使得学生对西方文化的了解相当有限。在高校英语翻译教学中，教师应有意识地培养学生的跨文化能力，这包括帮助他们建立双语文化知识框架及培养跨文化意识。

1.双语文化知识框架的建立

学生的双语文化知识框架是其跨文化能力的基础，教师在教学实践中不可脱离知识框架而空谈对学生的跨文化能力的培养。在高校英语翻译教学中，教师可借助翻译材料中出现的文化现象，向学生介绍英语国家的地理、历史、社会、经济、政治和教育等方面的知识，以及中国在这些方面的相关情况。

当然，教师在翻译课上能为学生传授的双语文化知识是相当有限的，学生可以通过选修中国人文经典、西方人文经典、高校英语跨文化交际等课程，以及阅读有关中西方文化的书籍，搭建一个中英文化的知识框架，并以此为基础，提高自身的跨文化能力。

2.跨文化意识的培养

良好的跨文化意识是指对文化差异具有较高的敏感性及宽容性。在高校英语翻译教学中，宜多采用文化对比的方法，使学生了解英汉文化的差异，形成文化差异意识。

教师可将在翻译材料中遇到的英汉文化因素进行对比，例如，可根据尤金·奈达将语言中的文化因素分成五类的方法进行对比，即英汉生态文化对比、英汉物质文化对比、英汉社会文化对比、英汉宗教文化对比和英汉语言文化对比，使学生对英汉文化主要差异有一个比较宏观的、系统的了解。

此外，还应培养学生较客观地认识文化的多样性，避免民族中心论，能够站在另一种文化模式中思考问题，形成开放、包容和平等的心态。

（三）翻译专业知识能力

就翻译理论对于翻译实践的作用，纽马克曾做过这样的论述：翻译理论是向学习翻译的人显示在翻译过程中所有或可能会涉及的东西，并提供翻译原则及指导。根据这些原则及指导，译者可以做出选择及决定。因此，在高校英语翻译教学中教授一些翻译方面的专业知识是不可或缺的，它可以帮助非英语专业的学生在翻译实践中做出有效的翻译决策。笔者认为，在高校英语翻译教学中，应至少让学生掌握以下翻译专业知识。

翻译性质：学生应了解不同学派对翻译进行的描写，这些描写是什么。

翻译种类：学生应了解从不同的角度可将翻译划分为不同的种类，这些分别是什么。

翻译的标准：学生应了解翻译质量的衡量要依照翻译的标准，国内外对于翻译标准的论述众说纷纭，具有代表性的有哪些，翻译究竟有没有固定的标准。

翻译的过程：学生应了解翻译的过程通常涉及理解、表达和校核三个阶段，在这三个阶段译者要分别注意什么。

翻译策略及方法：学生应了解翻译策略与方法有哪些，在选择这些策略或方法时分别受哪些因素的影响。

翻译技巧：学生应了解鉴于英汉语言的区别性特征，译者在翻译时可以采用适当的翻译技巧，常用的翻译技巧有哪些。

教师可根据学生的特点和需要，增加其他的翻译专业知识。因为教学时间有限，所以可将一部分专业知识讲解贯穿在翻译练习的讲评中。

（四）文本能力

这里的文本能力指的是学生了解不同类型文本，尤其是与自己专业相关的文本类型特点、翻译原则和方法。因此，让学生了解及掌握与自己专业相关的应用文本特点、翻译原则和方法是有必要的。如在非英语专业学生中，有相当一部分学生将从事与科技相关的工作，而科技文本翻译现已成为科学技术工作的一个重要组成部分。科技翻译的目标是再现原文的信息功能，英汉科技文本的语言都具有准确、正式、规范、客观和逻辑严密等特点，科技英语中又会大量使用名词、被动语态等，在英汉互译时要根据需要进行名词与动词、被动语态与主动语态的互换，还要注意术语翻译的准确性。

商务信函翻译工作是从事经贸工作的人必须进行的。商务活动交际具有客观性和规范性，这要求商务信函在选词用字、句法结构和篇章结构等方面符合该行业的规范及专业特点。英汉商务信函的语言都具有简洁、明晰、准确、完整和礼貌等特点，且都有不少固定的套语。英汉商务信函相比较之下，英语商务信函中有语域色彩很强的套语，程式化更高一些。因此，在英汉商务信函互译时，要注意各种商务信函套语的规范使用。

教师可结合所教学生的专业背景，向学生讲授新闻文本、法律文本、广告文本、论述性文本和说明性文本等的特点及翻译方法，教学材料要尽可能真实。

（五）工具能力

翻译工作涉及方方面面的内容，当译者在翻译过程中遇到解决不了的问题时，就要做调查研究。如果查询方法得当，译者可以在较短的时间内获得翻译所需的相关知识，减少翻译失误，保证翻译质量。因此，有效使用查询工具的能力是译者必备的能力之一。

传统的适合中国学生使用的英汉互译查询工具主要是词典，包括双语词典（英汉词典、汉英词典）和单语词典（如汉语词典、英英词典、英语搭配词典、英语用法词典等）。许多翻译初学者在英语中找不到汉语的对应词或短语时，就会求助双语词典，没有意识到双语词典具有局限性。其实，对于我们没有把握的词，通常我们需要查找英英词典、英语同义词词典来确定其意义，通过查找英语用法词典、搭配词典来确定它使用的句型及与其他词的搭配。

随着自然语言处理技术和人工智能技术的发展，现代翻译查询工具种类繁多。很多传统的翻译工具书出现了电子版本，如各种在线双语词典、单语词典和在线百科全书等。各种搜索引擎的出现，大大方便了资料查找，如可以利用专业搜索引擎查找专有名词、专业术语、中国特有概念、平行文本和图像等，只要方法正确，就可以准确、有效地找到我们需要的资料。此外，还有各种电子语料库、机器翻译软件、翻译记忆和术语管理工具等,能够极大地帮助我们提高翻译的质量和效率。总之,教师要培养学生使用查询工具的能力,使学生了解如何使用这些工具,以及知道什么时候该使用哪种工具,这也是提高学生翻译能力的一个重要方面。

翻译能力的培养是一个长期的过程,通过在高校英语翻译教学中培养学生的双语能力、跨文化能力、翻译专业知识能力、文本能力及工具能力等,可以为学生翻译能力的提高打下坚实的基础,还可以培养学生学习翻译的兴趣,为将来从事与翻译相关的工作打下较为坚实的基础。

第四节 高校英语教学中学生自主学习能力的培养

当前,我国高校的英语教育水平较以前有了明显的进步,但由于英语教师及学生方面都存在一些问题,导致英语教学的实际效果不明显,学生的英语水平提升有限。

一方面,笔者通过对相关资料的调查发现,部分高校的英语教师在传统教学思想的影响下,依旧采取教师讲授、学生听讲的教学模式。在这样的教学环境下,师生间缺乏有效的交流和互动,使得学生缺乏对英语学习的兴趣,甚至对英语产生抵触心理。同时,学生只是机械式地听讲,限制了他们思维能力的发展,只能根据教师的讲解亦步亦趋地学习,使他们对英语教师逐渐形成依赖,弱化了自主学习的能力。

另一方面,在部分高校中,有少部分学生在中学阶段没有打下良好的英语基础,到了大学阶段面对更高深度的英语学习时就存在较多的困难,加上他们不善于向老师和同学请教,造成其在英语学习中产生的疑问越来越多,对英语失去了学习信心。并且,还有学生对英语学习存在着错误的认识,认为自己不出国学习了英语也没有多大用处，造成他们对英语学习缺乏兴趣，限制了他们自主学习英语习惯的培养。

一、在高校英语教学中培养学生自主学习能力的必要性

大学阶段的英语学习与中小学阶段的英语学习存在着本质的区别，该阶段需要培养学生的自主学习能力，使他们能够严格要求自己，在主动学习英语的过程中实现英语水平的提高。通过高校英语教学来培养学生的自主学习能力，对学生的英语学习及个人成长具有深远的意义，主要体现在以下几个方面。

第一，高校学生大部分已经成年，身心发展渐趋成熟，他们的自制力较中小学生更强一些，在英语学习中需要教师的监督。高校学生已经具备较高的自我约束力，只有培养他们的自主学习能力，才能使他们适应大学阶段各学科的学习，才能促使他们从中学阶段的学习习惯转化为大学阶段的学习习惯，适应大学的学习环境。

第二，通过高校英语教学培养学生的自主学习能力，可以显著提升他们的英语水平。对学生自主学习能力的培养，注重学生在没有外力约束条件下的主动学习，这是一种积极的学习态度。高校学生只有具有了自主学习能力，才可以在日常生活中关注英语，主动探索英语，端正英语学习态度，进而实现英语应用能力的提升。

第三，自主学习能力不仅适用于高校学生的英语学习，当他们形成自主学习的习惯后，也可以对他们的人生发展产生深远的影响。具备了自主学习能力的大学生，可以对新事物产生好奇的态度，主动接近和学习，提高自身的认知能力，增强视野的广阔度，不断完善自己，进而实现自我发展。

二、在高校英语教学中学生自主学习能力培养策略

在高校英语教学中培养学生的自主学习能力，需要教师纠正学生的错误态度，采取科学、合理的措施，激发学生的学习兴趣，给予学生在英语教学中的参与机会，培养其自主学习的习惯。笔者根据对相关资料的调查研究与思考，针对部分高校英语教学效率低下的情况，对培养学生的自主学习能力提出几点建议。

（一）转变高校学生的英语学习态度

在高校英语教学中，纠正学生对英语的错误认知是培养他们自主学习能力的基础，因此英语教师要努力让学生认识到英语的价值和学习意义。

一方面，高校英语教师在教学中可以向学生传递学习英语的重要性思想，在学习新单词时，将其与学生生活实际联系起来，使他们认识到学习英语可以解决生活中的实际问题；还可以在课堂上开展英语演讲竞赛，激励学生，使认识到学习英语是一件很有意义的事情。

另一方面，高校英语教师可以邀请留学生或者外教走进课堂与学生进行交流，使学生认识到自己口语方面的不足，认识到只有提高自己的英语水平，才可以适应社会发展的要求。

（二）在高校英语教学中尊重学生的主体地位

高校英语教师需要转变传统的教学思想，使用问题探究式的教学方法，引导学生自主学习，培养他们的自主学习能力。

高校英语教师在授课之前，要对教学内容有所分析与研究，选择一些具有挑战性的问题在课堂上激发学生的好奇心，让他们独立阅读教材内容，主动搜集资料，思考与尝试解答问题，然后让学生表达自己对问题的理解和看法。这种教学模式尊重了高校学生的主体地位，使学生积极参与到教学中来，

使他们在独立思考提高思维能力的同时，摆脱了对教师的依赖，逐步提高自主学习的能力。

（三）注重英语学习方法的传授

高校英语教师要从知识传授的教学方法中走出来，将"授人以鱼不如授人以渔"的思想贯穿于教学思想中。

高校学生经过中学阶段的英语学习，已经具备了一定的英语基础，教师通过学习方法的传授，可以使学生的英语学习不再局限于课堂，而是扩展到整个生活中。在英语教学课堂，教师可以给学生推荐一些优秀的英语学习网站及手机软件，学生可以在课余时间自主观看学习，在开阔自身视野、提高英语水平的同时，也养成了自主学习英语的良好习惯。

一位美国未来学家曾经说过，未来的文盲不再是目不识丁的人，而是没有学会怎样学习的人。由此可见，是否具备自主学习能力关系到一个人的生存和发展，对此，高校英语教师应该尊重学生的主体地位，从转变学生的思想入手，激发学生的英语学习兴趣，从思想上纠正他们的错误观念，使他们认识到学习英语的重要性。教师通过向学生教授英语学习的技巧、给学生提供自主学习的途径等，为培养高校学生的自主学习能力创造条件，提升学生们的英语水平，满足时代发展的需要。

第五节 高校英语教学中学生创新能力的培养

在知识经济时代，互联网与传统行业的深度融合创造出了新的社会形态。"互联网+"改变了人们获取知识、信息的方式和手段，带来了英语教学手段和教学方式的极大变革，也改变了英语学习者的学习观念和学习方式。这些变化对高校英语教学提出了挑战，也提供了机遇。

创新能力体现了一个国家的综合国力，也是人才竞争力的体现，创新能力的培养是高等教育的重要目标之一。如何顺应时代的发展，在信息技术日益发达的现代社会，将互联网技术融入高校的英语教学，培养学生的创新能力，以适应国家对人才培养的要求和社会发展的需求，是高校英语教育面临的课题之一。在这样的背景下，教师要重新思考、定位自己在高校英语教学中的角色，以及如何培养学生的创新能力。高校学生的创新能力培养必须落实到具体的实践中，高校积极探索在英语课堂中培养学生的创新能力是响应政府的号召、顺应时代的要求，对于培养当代大学生适应知识社会新形态的发展需求、培养创新能力具有重要的意义。

一、"互联网+"背景下教育要素特征的变化

互联网广泛应用于教育领域，为教学的变革提供了新的技术手段，改变着人们的学习观念和学习方式，也推动着教学要素的深刻变革。教学活动关乎教师、学生、教学内容、教学方法、教学环境和师生关系等诸要素，在"互联网+"的时代背景下，这些教学要素正在发生着深刻的变化。

学生的变化：现在的高校学生生长在知识经济大变革时代，从小就被各种信息技术所包围，熟悉各种信息工具的使用。他们头脑灵活，思想活跃，自由与民主意识强，善于接受新鲜事物，具有创新意识和进取精神。他们不再满足于书本和课堂知识，还通过智能手机等移动终端设备，广泛地涉猎互联网上的各种信息，掌握的信息的广度和深度甚至超过了教师。

教师的变化：在互联网时代，教师的角色发生了很大的变化。获取信息渠道的多元化使他们不再是信息的大量拥有者，他们的课堂权威地位受到了前所未有的挑战。他们的论点常常会遭到学生的质疑，海量的信息也会让他们无所适从。同时，各种信息设备及移动终端的出现，要求教师能够熟练使用各种信息工具进行教学。学生的多元化需求也对教师的素质提出了更高的

要求。

师生关系的变化：在互联网时代，学生获取信息的多元化打破了教师的知识垄断地位。多元化的交流方式拉近了师生间的距离，扩大了交流的范围，增进了相互的了解，促成了师生间平等关系的建立。因此，在互联网时代，教师的角色从教学活动的主导者变成了课堂活动的管理者、引导者和服务者。

教学内容的变化：在互联网时代，教学内容不再局限于一本或几本教材，互联网上的知识容量如海洋般广阔，充满了各种教学资源。这些互联网资源为教师的教学提供了更多的选择，也为教学内容提供了丰富的补充，为教师充分利用互联网培养学生的创新能力提供了坚实的基础。但高校英语教学课时有限，教师在浩瀚的资源中为学生选择合理的教学内容就显得十分必要。

教学方式的变化：随着互联网的发展和慕课、微课的兴起，高校英语的教学内容不断丰富、拓展，也改变着传统的教学方法。现代信息技术在英语课堂中的应用，让师生互动、生生互动和人机互动成为可能。教师可以采用任务式、合作式、项目式和探究式等教学方法，引导和启发学生积极、主动参与到课堂学习中，多元、互动等形式成了英语课堂的主导教学模式。

教学环境的变化：在互联网时代，多媒体、通信设备、网络终端和移动互联网等使得教学环境变得丰富多彩，现代信息技术应用于英语教学，网络学习平台为学生提供了主动学习、自主学习和个性化学习等学习方式。教师可以随时记录和监测学生的学习过程，也可以随时随地和学生交流，对学生的学习进行反馈。课堂不再是简单的知识传递场所，而是教师引领学生成长、指导学生学习、答疑解惑和管理服务的场所。

二、"互联网+"背景下高校英语课堂创新能力的培养

创新能力的构成极其复杂，理论界对创新能力的构成存在诸多不同的看法。文秋芳认为创新人才的内涵应该是具有创新素质的复合型人才，而创新素质又包含三个部分：创新精神、创新能力和创新人格。创新能力是创新所

需要的创造性思维能力与解决问题的实践能力。单胜江认为高校创新教育包含创造性思维能力和创造性实践能力两个方面的内容。岳晓东认为，高校学生创新能力包括思维、人格和智慧三个层面的内容。孙奎贞等提出创新能力的构成因素包括想象能力、联想能力、分析能力和实践能力等15项能力。综合前人的研究，笔者认为学生创新能力的培养包含三个方面的内容，即创新人格、创新思维和创新实践。下面着重探讨互联网背景下在高校英语教学中如何培养学生的创新思维能力和创新实践能力。

（一）整合教育资源，培养学生的创造性思维能力

创造性思维是创新能力的核心，如何在高校英语课堂教学中培养学生的创造性思维能力是需要重点考虑的问题之一。高校应以教材为基础，以慕课、微课及互联网资源为补充，为学生提供丰富的语言材料，创设具体的使用语言情景，激发学生的好奇心和强烈的创新意识，培养学生的"问题意识"，在提出问题、解决问题的过程中锻炼学生的创造性思维能力。

1.以慕课等互联网资源充实教学内容

创新精神体现在两个方面，一是求新，即对新事物的好奇心与敏感性，对新知识的求知欲望；二是求异，即对司空见惯的事情能提出问题、产生疑问。求新求异的精神是创新的动力与源泉。培养学生的创新思维能力，就是要给学生提供丰富的学习资源，传递更多的新奇信息，激发学生的学习兴趣和求知欲望，激发学生的创新思维。

创新思维能力包括发现问题的能力、批评能力和解决难题的能力。英语教育中的创新思维能力，主要体现在运用创造性语言活动能力方面。网络技术的发展，极大地扩展了学生学习知识的范围，在高校英语教学中，可以将慕课等互联网资源引入课堂，这样可以调动学生学习的积极性、主动性和好奇心。在学习了这些互联网资源之后，教师可以让学生开展演讲、讨论等活动，培养学生的语言运用能力，学生有了更充实的语言输入后，才能更加发

展创造性的语言思维。

无论是慕课、微课，还是互联网学习资源，这些丰富、生动、形象的教学内容显著地提高了教学效率，不仅能激起学生学习英语的兴趣和热情，同时也能激发起学生的求知欲望，提升学生的创新思维能力。

2.构建基于互联网的开放多元学习环境

"互联网+"改变了传统的机械式和被动式的学习方式，让学习环境变得开放多元。在高校英语教学中，应充分利用互联网的优势，设计网上交互学习教学系统。这个教学系统可以将自主学习、教学管理、课程教学、学习评价和交流互动融为一体，拓展教师的教学空间和学生的学习空间。互联网为教师和学生营造了一个自主、易操作、可移动、可监控的网络环境，实现了平台、教师、学生和学习资源的深度互动。

这些方式拓展了学生英语学习的时间和空间，同时促进了师生之间、生生之间的交流，也开阔了学生的视野。在互动交流中，学生间产生了思维的碰撞或共鸣，学生学会了发现问题并解决问题，英语应用能力和自主学习能力得到了提高，其创新思维能力得以增强。

（二）转变教育方式，培养学生的创新实践能力

学生创新实践能力的培养，最终要落实到课堂教学实践中。在课堂教学中，转变教学方式，改变单一的知识传授教学模式，使用自主探究、角色扮演、小组讨论和成果交流等方式，积极开展翻转课堂教学改革，鼓励自由讨论和争辩，形成民主和谐的氛围，让学生在具体的语言环境中使用语言，引导他们探索未知的领域，在发现问题、分析问题和解决问题的过程中，培养学生的创新实践能力。

1.采用以微课为基础的翻转课堂教学模式

创新能力的培养最终要落实到具体的实践中，而翻转课堂是培养学生创新能力最好的实践。翻转课堂以翻转了传统课堂的顺序而得名。它以微课为

基础，优化了教学流程，提升了教学资源的配置效率。翻转课堂优化了教学的流程，节省了时间，既可以用于加强师生之间、同学之间的互动、讨论，在反复思考、不断辩论的过程中，学生实现对所学知识的融会贯通和灵活运用，实现对所学知识的提炼更新和优化升级。

在翻转课堂，学生在完成各种活动的过程中，要根据具体需要独立或合作发现问题并解决问题，他们会使用各种方法，达到解决问题的目的。在这个过程中，学生的创新实践能力得到了有效的培养和锻炼。

2.构建互联网时代多元互动的师生关系

良好的师生关系可以激发学生的学习兴趣，启发学生思维，培养学生的创新精神。将互联网技术应用于课堂教学后，教师和学生的交流互动途径变得多元化。既可以面对面地交流互动，又可以通过互联网等通信技术实现网上互动。教师的角色从原来的知识灌输者，变成了课堂活动的组织者、引导者和服务者。学生有更多的机会进行自我学习、自我训练和自我活动，以展示自己的学习成果，学生的各种创新能力得到了较好的培养和锻炼。

在课堂上，教师和学生可以通过各种活动进行互动，主要包括独立探究、互动协作和成果展示。学生可以通过对话、讨论、小组活动、角色扮演和辩论等活动对问题进行充分论证。学生经过独立探索和协作学习之后，要通过展览会、报告会、辩论会和小型比赛等进行个人或者小组的成果汇报，交流学习体会、分享成功和喜悦，也可以通过微信、QQ等进行互动和交流。在各种互动中，学生要完成各种活动，就会调动起各方面的积极因素，做出计划和安排、查找资料、独立思考和判断，最后付诸行动。在这个过程中，学生的独立思考能力、解决问题能力、创新思维能力得到了培养和锻炼。

学生的创新能力是在具体的课堂教学中培养起来的。在"互联网+"时代，教学要素的各个组成部分发生了巨大的变化，如果固守传统的教学方式，则不利于学生创新能力的发展，不能培养出符合时代需要的创新型人才。因此，应根据变化了的形势，制定相应的对策，应从培养学生的创新思维能力和创新实践能力入手，整合教育资源，转变教育方式，在具体的课堂教学实践中培养学生的创新能力。

第六章 高校英语教学方法的实践应用研究

第一节 多模态的协同及其在高校英语教学中的应用

当前，导致高校英语教学效果不理想的原因众多，其中，教学模态单一及各个模态之间缺乏协调是致使学生不愿主动学习和大学英语课堂教学效率低的重要原因。在高校英语教学中应用多模态协同能够调动学生的听觉、视觉和触觉，通过图像、声音的引导，强化英语沟通能力，提升学生的英语素质。

一、多模态的协同

多模态是指运用多种构建意义的手段与符号资源，尽量将人的听觉、视觉和触觉等多重感觉结合起来开展信息传播与交际的行为。模态之间的关系是由具体语境与交际目的所决定的。通常来说，视觉模态及听觉模态是人们交际过程中选择的主要模态形式，而嗅觉、触觉和味觉等模态为辅助型的交际模态形式。在实际沟通交往过程中，为了传递某种特定的含义，可以同时运用多个模态或实现多个模态之间的转换。模态选择的合理性取决于交际者利用媒介的能力及多模态识别能力。

长时间以来，高校英语教学都只关注英语词汇、句子和语法的知识点教学，教学方式与目标仅仅只是从单一的文字模态入手，鲜有融合非文字的模态形式来进行课堂教学活动。伴随着互联网技术与信息技术的发展，多模态及多模态协同已经开始对大学英语课堂教学造成影响。

多模态的协同教学，即为教师在课堂教学过程中要运用多模态开展教学，课堂需要涵盖视觉模态、听力模态、口头模态、书面模态和体形模态等。在高校英语教学中，多模态的协同就是利用互联网和多媒体技术等客观环境与条件，为高校英语教学提供多种语言与非语言的多模态语境。多模态协同在高校英语教学中应用的基本目标就是要提高学生运用英语开展多模态交际的能力，提高学生通过多媒体与多模态自主学习的能力，以满足社会发展与经济全球化对高校培养高素质人才的要求。

二、多模态的协同在高校英语教学中的作用

在高校英语教学中，应用多模态协同能够起到以下作用。

第一，融合语言模态和非语言模态，激发学生参与学习的积极性。多模态协同理论中的非语言模态能够在传递信息中发挥巨大的作用。非语言模态主要包括身体特征、教学环境和教学道具等。在多模态协同教学下，教师可以利用图片、音频和视频等方式，对英语知识点进行多方位的全面的分析。例如，在大学英语词汇教学中，教师可以播放含有需要学习词汇的英文歌曲或英文原声电影，以吸引学生的注意力，调动学生参与学习的积极性，使其深化对词汇的记忆。

第二，实现学生多感官互动。多模态协同在高校英语教学中能够实现视觉与听觉的互动，调动学生的各个感官，使得教师对英语知识点的讲授更加生动。例如，在大学英语课堂中，教师可以通过有感情的语言及丰富的肢体动作，配合背景音乐来渲染教学氛围，让英语课堂变得更加和谐、有趣，以激发学生学习英语的兴趣。

三、多模态的协同在高校英语教学中的应用

（一）在大学英语课堂教学中应用多模态协同

1.视觉模态与听觉模态的协同

大学英语课堂的布局是视觉模态，其明确了高校英语教学的环境，同时也明确了教师与学生在英语教学中的角色。在课堂中，学生的视觉对象包括教师、黑板和讲台。大学英语的教学过程主要为听觉模态。视觉模态决定了课堂布局及教师在课堂中的地位，但视觉模态也只是听觉模态的基础与辅助。基于听觉模态分析，教师的话语权占据了课堂的主导地位，对于教师来说，学生是其进行话语教学的主要接受对象，这就对教师的话语质量有着较高的要求。教师在大学英语课堂中的话语要精确清晰、语法正确、发音准确和速度合适。同时，教师在教学过程中声音的响度、语调的高低、重度的节奏都会对英语教学效果产生一定的影响。

因此，听觉模态中的各个模态间也需要配合，以达到强化口语模态的作用。教师在英语教学过程中会通过变化视觉模态来强化口语模态，如运用手势来代表节奏，模拟所讲述的事物，运用表情的变化来突出知识点的重要程度。

2.文字模态与非文字模态的协同

大学英语阅读教学主要以文字模态为主，教师指导学生重点掌握非文字模态，探索其与文字模态之间隐藏的内在关系，帮助学生赏析、鉴别文字模态的意义，提升学生对文字模态的敏感度。教师可以引导学生在阅读文章时对文章的标题、斜体字、标点符号等进行标识，对文章的重点信息进行定位。例如，在阅读材料 "Jack went to Fifth Avenue with Tom in New York in September 30th." 中出现多次大写字母，大写字母通常表示地名与人名，在阅读过程中运用跳读的方式来掌握大意，则可以快速地获取关键信息。又如，教师在进行英语阅读教学过程中训练学生对非文字模态的语篇的分析能力，

向学生展示三幅不同的图片，第一幅是正在融化的冰川，第二幅是一望无垠、寸草不生的沙漠，第三幅是黑色的河流，要求学生分析这组图片要传递的意思，将学生引入生态环境保护的阅读话题，从而实现大学英语阅读教学中的图片模态与文字模态的协同。

（二）在英语师生互动中应用多模态协同

建构主义理论提出，学习过程是学生发挥主观能动性、主动学习和主动构建知识架构的过程。建构主义理论否定了传统大学英语课堂教学中教师灌输、学生被动接受的教学模式。教师与学生在课堂上的角色也发生了变化，教师从知识的讲授者转变为学生学习的引导者，也就是教师在课堂教学中扮演着引导者和组织者的角色，在学生发挥主观能动性构建知识结构时起到辅导作用。因此，高校英语教学中多模态协同的应用，能够进一步深化建构主义理论，转变传统教学模式中学生被动学习的状态。

多模态协同下的高校英语教学能够实现教学互动，将学生置于多模态协同的学习语境，从听觉、视觉、触觉等方面来提高学生运用英语开展交际的能力及其语用潜能，让学生能够在多模态协同的环境下主动学习。在大学英语课堂中，教师可以通过多媒体技术来支撑多模态协同的进行，实现教与学的互动，通过师生互动的方式来实现多模态协同教学的效果。

师生互动是指在大学英语课堂中，教师与学生面对面进行的教学活动。在课堂教学中，教师需要将知识点通过文字、图片、音频和视频的形式展示给学生，以吸引学生的注意力，使其更好地理解和接受知识点。与此同时，教师还会通过语言表述、手势动作和面部表情等方式与学生进行互动。例如，在讲解某一知识点的时候，如果学生露出疑问的表情，教师则能够通过视觉模态信息得知学生对其所讲的知识尚未理解，从而促使教师对此知识进行深入讲解或者换个角度重新讲解。

（三）在大学英语测试评价中应用多模态协同

在高校英语教学对英语"听、说、读、写、译"五项基础能力进行评价的过程中，可以运用基于多模态协同的评价方式。

在听力的测试评价中，教师可以预先准备好视听资源让学生在试卷上回答问题，也可以在课堂上进行对话，让学生进行梗概记录，同时调动学生的视觉、听觉系统，并且利用多模态间的互补性来完成听力测验评价。

在翻译的测试评价中，教师可以将笔译与口译的方式结合起来，利用多媒体技术开展同声传译的翻译练习。

对于口语的测试评价，当前口语的测试方式主要为问答与话题交流两种类型，无法充分展现英语表达的多模态，而利用多模态协同能够更加准确地对学生的英语口语水平进行评价。因此，进行口语测试过程中要表现出语言与伴语言的特点，充分体现语音、语调和符号在口语沟通交流过程中的应用。同时，还要展现非语言的表达，通过表情、手势和动作等与口语沟通相互配合，来对大学生的综合口语水平进行测试评价。

多模态协同下的大学英语课堂教学能够改善当前高校英语教学中学生缺乏学习积极性，教师与学生之间、学生与学生之间缺乏沟通的现状。在大学英语课堂教学、师生互动，以及测试评价中应用多模态协同，能提高高校英语教学的质量。多模态协同在高校英语教学中的应用，能够让大学英语课堂变得更加和谐，能够让学生在积极参与课堂学习的过程中强化自主学习能力。

第二节 激励教学法在高校英语教学中的应用

一、激励教学法

（一）激励教学法的含义及其特点

激励就是激发和鼓励，是指通过影响人们的内在需求或动机，从而加强、引导和维持行为的活动或过程。激励的本质就是激发人的动机，激励教学法是指教师在教育教学过程中借助一定的方式和手段激发学生的学习动机，使其产生一种内在驱动力，诱发其积极参与学习的行为，并朝着期望的目标努力，从而提高课堂效率，促进教学任务顺利完成的过程，即通常所说的调动和发挥学生的积极性、主动性和参与性的过程。

（二）激励、动机及英语学习之间的关系

罗伯特·舒曼从神经生物学的角度证明，大脑对所接收到的刺激进行评价，从而引起外语学习者情感上的反应，并对这种刺激评价分为五个方面，即刺激的新异性、吸引性、目标/需要意义、可处理潜力及个体社会形象。舒曼认为，语言学习动机的强弱和性质是由这些刺激评价不同方面的排列与组合决定的。

钱伯斯另辟蹊径，从相反的方向探索外语学习者缺乏学习动机的原因。在对英国利兹地区的191名失去外语学习动机的九年级学生进行问卷调查后，发现了可能导致学生失去外语学习动机的10种原因。他认为，这些学生最需

要的是对他们学习成绩的肯定、奖赏及鼓励。换句话说，也就是学生外语学习动机最直接的来源是外语教师对待他们的态度。

由此看来，激励在当今重视个性发展的成功教育中起着不可估量的作用。教师在课堂教学中的角色就像一个导演，既是知识的传授者、课堂教学的组织者和课堂活动的控制者，同时又要保持和学生的平等身份，是学生交际的合作者，是一堂成功的外语课的创造者，是帮助学生克服心理障碍、放下思想包袱的心理治疗者。

因此，动机、激励与英语学习是相辅相成、密不可分的。激励就是要通过各种有效手段激发学生的学习动机，从而提高学习成绩。动机与学习成绩之间是典型的相辅相成的关系，较高的动机水平有利于取得较好的学习成绩，而较好的学习成绩也反过来有利于增强动机水平。

二、高校英语教学中运用激励教学法存在的问题

（一）激励教学法被边缘化

在目前的高校教育过程中，教师的工作被明确地规定为完成一定工作量的教学任务，所以许多教师工作的重心是在知识传授方面，而不是在学生培养方面。从教育激励的角度来看，多数教师只是在传授知识，而很少激励自己的学生。他们往往认为学生是否积极主动、富有热情地学习是学生自己的事情，多数教师把学生的学习看成是学生要尽的义务，就如同学生要遵守学校中的规章制度一样，是教师开展教学工作的当然前提，而没有认识到这个前提条件是需要教师在学生身上建构的，是教师育人工作的一个重要部分。即使部分教师意识到了对学生兴趣的培养是重要的，也不过是把它作为教学的方法而已，而没有认识到培养学生对学习的兴趣比知识学习本身更加重要。因此，激励教学法与教学相比是被边缘化了的。

（二）教师的激励方法片面单调

教师偏重激励优秀学生与后进学生，而忽视一般学生；偏重知识学习，而忽视学生的情感与意志的发展方面；偏重激励学生追求成功，而忽视学生的心理健康；偏重学生的逻辑和语言智力发展，而忽视其他种类智力的发展；偏重引导学生遵守纪律，而忽视学生的创新和求索；偏重满足教师的个人喜好，而忽视教育的应有规律与目的。

（三）激励教学法的作用没有得到充分发挥

目前，教师激励学生的方法数量上较有限、手法上较片面与单调，这些都使激励的效果非常有限。无论是从学生的心理需要，还是从社会对教师职业的期望来看，教师对教育激励的掌握与运用都与教育激励法的要求存在巨大的差距。教师只看到学生知识与技能的掌握与否，而对学生的心灵塑造常常无动于衷。学生也常常感到教师只是某一学科知识的代表，是知识的传授者，与教师之间缺少深入的心灵上的沟通。学生在求学过程中所遇到的教师可能有几十个，但是能在心灵发展过程中留下深刻印象的则不多。激励教学法的作用没有得到充分发挥，教育激励的缺乏常导致学生品质、人格和精神发展的不完善。

三、高校英语教学中有效运用激励教学法的建议

（一）提高运用激励教学法的意识

许多教师认为激励教学法只适用于中小学生，对高校学生的效果不明显。事实上，高校学生也需要激励。笔者曾尝试着运用了考试激励法，其结果显示效果良好。将学生的期末成绩分为两部分，平时成绩占总成绩的30%，期

末成绩占总成绩的 70%。通过课上考核学生对学过的单词和词组的记忆，调动学生学习的积极性，结果发现学生开始了晨读，这种情况前所未有。由此看来，激励教学法同样适用于高校学生。

教学活动无论处于哪个环节，都离不开教师的主持、参与和引导，这就要求教师必须具备胜任多种角色的综合能力。调查显示，在被问及影响英语学习动机的主要因素时，大多数学生将"教师"列为首位，他们认为英语教师的以下品质有助于激发他们的学习动机，即精通英语、认真备课、授课生动有趣、热情幽默、考虑周到、对学生一视同仁、教法灵活不拘一格、使学生参与到课堂活动中，以及使学生充满自信。

因此，教师要从自身做起，努力钻研专业知识，认真备课，提高综合素质。同时，教师要树立激励学生学习动机的意识，在激励理论的指导下，合理、正确地运用激励教学法。

（二）有效运用激励教学法时应注意的因素

1.激发自主性

对于命令，人们有一种天然的抵制心理，自主是人们与生俱来的需求。每个学生都希望有自我选择的自由，而不是被强制参与自己不喜欢的活动。因此，在教学过程中，教师应将这一权利还给学生，使其自主地进行学习活动。《新编大学英语》这套教材就有助于激发学生的学习自主性，教材中的每个单元里都有可以让学生参与进来的话题。教师在使用这套教材组织课堂教学时，应当留出时间让学生对这些话题进行讨论，从而激发学生的学习自主性。

2.鼓励自我实现

动机的缺乏在很大程度上是源于自信的缺乏。经过多次努力却效果较差的学生很难对学习产生兴趣，相反，如果能不时地体验成功的滋味，学生就会对自己的学习能力充满信心，参与学习活动的热情也就越高。

每个学生都有正视自己能力的愿望，正是这种愿望赋予其克服困难的勇气和持之以恒的精神。让学生体验成功，肯定其学习的潜能，有助于激发学生的内部动机。

在高校英语教学中，教师应该合理设置教学目标，让学生体验到"跳一跳，摘桃子"的快乐。如此，不时地体验成功有助于开发大学生的学习潜能，从而激发大学生的学习动机。

3.建立平等的评价体系

在英语教学中，当学生在课堂上不能与教师配合时，甚至是学生回答问题文不对题时，教师一句鼓励的话或一个信任的眼神，都可以帮助学生端正学习态度。相反，若教师对学生的评价采取"一把尺子""一刀切"的模式，这就容易使学生尤其是学习能力稍差的学生得不到正确的评价，因而陷入更加困难的境地。在这种评价体系的支配下，学习能力稍差的学生就无法激励自己、发展自己，从而使他们逐渐失去了追求成功的努力和信心。因此，在教学活动中，教师要认识到学生的学习起点是不同的，学生个体都是不同的，对学生的评价要重激励、重发展、重能力。

4.注重身体语言的应用

恰当地运用身体语言，将收到"此时无声胜有声"的效果。教师的一个眼神、一个微笑能给课堂带来亲切、和谐的气氛，使学生迅速产生一种向上的、愉快的求知欲。学生回答问题时，教师可上身前倾，缩短彼此的距离，两眼平视学生以示认真倾听，使学生感觉到教师在关心他的回答，从而使得学生的回答更生动、更积极。尤其是当学生答错问题或由于紧张、害羞而答不上来时，教师以期待的、亲切的目光注视学生，面带微笑、轻轻点头以示鼓励，微微摇头、暗示学生纠错，很快便可以消除学生的紧张心理。

（三）掌握英语激励教学法的运用技巧

激励教学法有其自身的特点和思想理论体系。因此，除一般性英语教学技巧外，还有一系列相对独特的教学技巧。激励教学法的教学技巧很多、比较零散，更具灵活性，也更具个性化。英语学习动机的外部激励因素主要包括教师的素质及能力、学习者的学习成就、学生间的积极竞争、适当的表扬和诱导、良好的课堂氛围，以及竞赛及考试的过程和结果等。

1.创造良好的学习环境，激发学生学习的欲望

教师营造的课堂气氛极大地影响着学生的学习动机和学习态度，良好的英语学习氛围和环境是激发英语学习动机的外部条件。教师应在教学中创设一种使学生感到安全、宽容和有利于学生发展的学习氛围，对每个学生表现出真诚的关注，突出强调学习过程和学习任务的价值，而不要过分关注学习结果，使学生减少焦虑。教师可以用英语说几句日常用语或者讲一个风趣幽默的故事，以此来唤起学生的学习意识，使其自然地进入英语学习的环境中。这时，教师要有意识地扮演"导师"和"助手"的角色，尊重学生的个性，实行民主教学，建立和谐、愉悦的师生情感。

2.巧设情境，为学生创造成功的机会

英语学习和其他科目一样，要靠师生的共同努力，所以在英语教学中，不要忽视课堂中还有这样的一个小群体——他们自觉性差、学习欠主动，又爱面子、怕回答错误，往往不敢开口说话。在教学中，笔者抓住这部分学生的心理特点后，决定帮助他们纠正这种不良习惯。先帮助他们养成"开口"的习惯，再由易而难，逐步增加课堂提问的难度。当他们回答问题有困难时，就为他们搭桥，模仿他人练习；如果这部分学生有坐在前面的，就让后面的学生先答，依次向前，轮到他时也就会模仿别人而开口回答问题了。这种变换形式的教学方法，有力地促进了学习能力较差的学生也跟着开口、动脑思考，使他们自始至终都能全身心地投入学习，不知不觉地就提高了他们的学习兴趣，帮助他们迈出走向成功的坚实一步。

3.适当开展竞赛，提高学生学习的积极性

竞赛是激发学习动机、调动学生学习积极性的有效手段，因为竞赛能唤

起学生的优越感并满足学生受到他人认可和赞扬等心理需求。在竞赛的形式上，要将现在的竞赛与过去的竞赛、个人间的竞赛和集体间的竞赛相结合。通过竞赛的开展，学生的好胜心和求知欲变得更加强烈，学习兴趣和克服困难的毅力会大大加强。要多开展小组间或班级等集体间的竞赛，促使学生间互相帮助，为达到共同的目标而共同努力，有助于培养学生的合作精神。

事实证明，在高校英语教学中，注意激励教学方法的运用，不仅可以激发学生的学习兴趣，还可以提高学生的自信心。学生的成功源于学生的信心，学生信心的形成往往源于教师的激励。因此，教师在教学中运用激励性评价，有益于学生树立自信心，积极进取，在学习上取得新的成功。

第三节 高校英语多元互动教学模式的应用

在全球化的发展背景下，在社会经济、科学技术和文化教育等各个领域，传统的理念与方式普遍受到信息技术革命的冲击。随着信息技术的逐步发展，信息更新与知识迭代的速度不断加快，在高校英语教育教学领域，传统课堂教学模式已经无法适应信息时代的环境变化，高校英语课程改革的内在需求逐步凸显，社会对英语复合型人才的综合语言运用能力提出了更高的要求。高校英语的课堂教学模式改革势在必行，这是当前高等教育发展的重要任务之一。

《大学英语课程教学要求》规定："大学英语是以外语教学理论为指导，以英语语言知识与应用技能、跨文化交际和学习策略为主要内容，并集多种教学模式和教学手段为一体的教学体系。"高校英语的多模态互动教学将是高校英语课堂教学改革的主要发展方向。所谓的"多模态互动"主要是指区别于传统的单一的静态的、以教师讲解课本的书面语言为主要内容的、以教师为主体的英语课堂教学模式，而采用的综合运用多媒体与网络技术开展的视、听、说等动静结合，电子与书面结合，教师讲解与学生或学生小组讨论、交流相结合的师生互动、生生互动的教学模式。

一、构建高校英语多模态互动教学模式的必要性

（一）多元化的高校英语课堂教学环境的需要

随着计算机与网络信息技术的日新月异，多媒体教学模式具有传统的书本教学所不具有的开放性和实时性等特征，强大的数据库具有比教师大脑更优越的知识、信息和资源储备能力，能更好地模拟语言场景，提供全方位的听、说、读、写、译的训练环境。多元化的社会经济文化发展，需要具有高素质和高水准的、具有较强的语言综合运用能力的人才。

多媒体教学平台能够充分运用网络资源优势，给学生提供极其丰富的符合课程背景的学习资源，打破了原有课堂的局限性。语言学习的资源更丰富，获取的方式更便捷，资源的广度与深度则更开放、更自由，语言学习可以较少受到时间、地点和环境的限制，可以单次，也可以反复循环多次学习。同时，教师与学生的沟通方式也发生了深刻的变化，可以不再局限于课堂，可以是线上与线下教学相结合，教学交流、作业提交可以通过邮件、QQ或其他教学软件来实现。这种立体化的交互方式极大地补充了原有传统课堂教学的不足，为多模态互动教学模式的开展提供了可能。

（二）教师与学生课堂角色重新分配的需要

传统的以教师为中心的教学模式，已经无法满足现阶段高校英语教学的需要，在高校英语课堂教学中，知识传授已经不占有主导地位，而学生自我学习能力的提升和英语实际运用能力的培养则是高校英语教学的重要任务。

在这一转变的过程中,教师需要在高校英语课堂教学中充分树立以学生为中心的观念,学生的自我学习能力和英语运用能力培养的模拟环境才得以构建。教师通过设定课堂活动的内容与主题,给学生提供英语交流的实践平台,在这过程中教师承担起课堂活动的组织者与评估者的角色,通过不断激发学生自主学习的积极性,发挥学生的主观能动性,得以完成以学生为中心的课堂建设。师生的课堂角色得以重新分配,只有充分激发学生的学习兴趣,唤醒学生的学习意识和独立思维,鼓励学生发展个性,展现自我,发掘潜能,为学生提供全面的、充分的课堂实践机会,才能使高校英语教学课堂摆脱单调和枯燥的局面。

兴趣是学习最好的老师,学生无论是被新颖的教学方式所吸引,还是被独特的教学内容所吸引,都会极大地提升教与学的良性互动,有利于学生更好地掌握与吸收所学的知识,并能在兴趣的引导下,主动地、积极地进行探索式学习,从而有利于培养学生的英语综合运用能力和创新思维能力。

(三)过程式教学评价模式发展的需要

多模态的互动教学模式为实现多元化的教学评价提供了可能。教学评价是教学活动中非常重要的环节,对于学生及时了解和掌握自身的学习状况,调整学习进度和学习方式发挥着重要的作用。在传统的教学模式中,教师主要是通过纸质的试卷与练习,特别是通过期中和期末的测试,来完成教学评价工作,缺点是评价标准单一、滞后,在一定程度上造成了学生高分低能现象的出现。

近年来,高校英语的实际运用能力培养不断受到社会各界的高度关注与重视,而如何在教学中真正实现对学生的英语实际运用能力的培养和提升是大家普遍关注的问题。课堂的综合性和过程性评价,在一定程度上为教师考查与评价学生的实际能力提供了平台和标准,使得教师能更为全面、公平、客观和综合地评价学生在教学活动中的参与度、与小组成员的配合度、在课外拓展学习中的自觉性,以及在课堂展示中的实际表现情况等,从而真正地提升英语实际运用能力训练在高校英语课堂教学中的地位。

二、高校英语多模态互动教学模式的应用

（一）教学活动设计

教学活动的设计是有效开展多模态互动教学的关键。在多模态互动教学模式中，教师不仅是传统意义上的知识讲解者，更是整体教学活动的设计者、组织者和评估者。因此，在每学期开始时，教师就应明确教学目标，规划并设计该学期的若干教学任务。在进入课程学习时，任课教师就应该就课程要求、重点任务安排、考核内容及要求、学生小组的分组与安排，以及多媒体课件、教学软件平台运用、作业提交、师生线上交流方式等内容与学生进行充分沟通，使学生了解多媒体互动教学模式的过程化评价特征，强调生生协作与师生互动的交流与学习模式，以便学生提高对本学期课程学习内容和学习方式的总体把握，自觉提高课程任务的主动参与度。

（二）单元主题导入

高校英语课程以单元主题为贯穿形式，综合了听、说、读、写、译等各方面的语言要求，因此在进行多模态互动教学的实践中，也要结合各单元的主题设计有针对性的教学活动，对于开展好高校英语课堂多模态互动模式具有非常重要的意义。

《大学英语课程教学要求》明确规定："大学英语的教学目标是培养学生的英语综合应用能力，特别是听说能力，使他们在今后学习、工作和社会交往中能用英语有效地进行交际，同时增强其自主学习能力，提高综合文化素养，以适应我国社会发展和国际交流的需要。"因此，高校英语教学的"人文性"特征不可忽视。

以教育部推荐的普通高等教育教材为例，教材设计中已充分考虑了高校英语通识教育任务，对于在学生成长阶段所需要学习和思考的主要议题都有所选取，如"成长、代沟、价值观、男女平等、教育和科学发展"等议题，都以单元的形式进行了设计，教师可以在充分利用教材的同时，围绕主题发掘相关的视、听、说、读材料，在语言输入环节进行同主题、多维度、多形式的导入，使学生充分浸润于相关主题的语境中；教师通过指导阅读和文本分析，使学生熟悉相关的词汇与表达方式，了解到相关的信息与不同的见解，激发学生的想象力，给学生提供多维度的思考空间，从而为学生参与讨论并形成独立的观点做好充分的准备。

（三）小组讨论及活动准备

在小组讨论及活动准备环节，以课内教学与课外教学相结合的方式展开。教师在主题导入后结合主题提出讨论议题，可结合课文内容及拓展材料要求学生进行阅读、描述、总结和讨论等学习活动，以小组为单位进行分组讨论及活动展示准备，可以是小组讨论汇报，可以是个人观点陈述或演讲，可以是课堂组队辩论，也可以通过PPT对论题进行阐述及课堂展示。

在讨论及课堂展示的准备阶段，教师可以预设各种思辨性议题，引导学生进行多维度的思考，拓展学生的思维空间。教师要针对课堂活动的展示形式及要求，给予学生具体的指导并解答学生的疑问，教师也要引导学生在小组分工的基础上，利用课后时间就相关议题进行资料收集和整理，通过学生间的讨论，最终形成综合性报告。

（四）教学活动展示与评价

教学活动展示与评价是检查教学活动设计是否合理、学生能否充分理解并运用所掌握的信息与材料就相关议题形成思辨性见解的关键。学生可以通过展现学习成果、总结小组讨论意见、进行作品表演和进行PPT展示等，来集中体现学习与综合运用能力。学生通过相互观摩和点评，形成良好的生生互动氛围。在这一环节中，学生是课堂的主体，是课堂活动的主角，教师则更多地担负了组织者、协调者和评价者的角色。教师的评价依然非常重要，教师要依靠教学经验，善于观察并能指出学生在实践中的得失，旨在鼓励并保护学生的参与热情，并有针对性地提出可操作的改良方案。

高校英语多模态互动教学模式的应用尚处于摸索与实验阶段，这一模式立足于网络时代的信息传输技术的快速发展，较好地构建了课堂内外，教师与学生间，视、听、说、读、译的立体交互教学平台与模式，必将深刻影响未来高校英语教学的整体发展。

这种模式的开放性、灵活性、互动性是传统的教学模式所不能比拟的，但要充分运用好这一模式，对高校英语教师与学生都提出了较高的要求。这一模式要求进行教师与学生课堂角色的重新定位，突出以学生为主体，教师从教学主体逐步过渡到教学的组织者、设计者和评估者的角色，教师在突出单元主题的过程中提供多维度的有效资源，有效促进、督促并保证教学任务呈现的效果，这都极大地考验着教师的经验与智慧。教师在实际操作过程中要通过不断创新与实践，去发掘适应不同学生的个性化的激励、引导、督促和评价方式。

高校英语多模态互动教学模式培养了学生的语言综合运用能力、协同合作能力和社会交往能力，为高校培养英语复合型人才打下了扎实的基础，也将是高校英语教学课堂模式改革发展的主要方向。

第四节 人文教育在高校英语教学中的应用

随着我国新课程改革的贯彻和实施，将人文教育有效地融入高校英语教学已经成为一种时代潮流。将人文教育渗透进高校英语教学过程中，不仅可以丰富课堂教学内容，还可以培养学生良好的人文修养。因此，本节对人文教育与高校英语教学进行深入研究和科学探讨，重点阐述人文教育与高校英语教学相结合的必要性，并提出有效融合人文教育与高校英语教学的策略，以期为高校英语教师提供教学帮助，以此促进我国英语教育事业的健康发展。

人文教育一般是指对受教育者所进行的实践活动和意识活动的一种旨在促进其人性境界提升、理想人格塑造，以及个人与社会价值实现的教育，其实质是人性教育，其核心是涵养人文精神。因此，高校英语教师应当积极将人文教育与英语教学有效融合起来。

一直以来，英语的教学中心都在于向学生教授语言和交际能力，但受应试教育的影响，很少有人将英语当作人文教育学科，而我们现在要做的就是将高校英语作为人文学科的功能开发出来。对于如何加强高校人文教育这一问题，很多专家都给出了意见，但有一些内容与我国的实际情况并不相符，要实施起来也比较困难。因此，应该根据我国当前的实际教育教学情况，尤其是针对外语教学的特点，提出具有较强操作性的方法。同时，英语教师要多用心，采取能付诸实施的对策，从而提高英语教学水平。

一、将人文教育与高校英语教学结合的必要性

高校英语学习指的不仅是一种技能性的语言学习，更是一种文化性体悟的学习。英语是人文学科的一支，英语语言、文化、文学是英语学习的基本要素。文化是语言的内容，语言是文化的载体，文化融于语言中。高校英语课程蕴涵的人文教育资源极其丰富，具有进行人文素质教育得天独厚的条件。

雅斯贝尔斯曾经说过："教育是人的灵魂的教育，而非理智知识和认识的堆积。"从这个意义上说，教育的重要本质特征就是它的人文性，人文教育是不可以从教育中包括大学教育中抽出来的，人文教育在大学教育中具有重要的基础性地位。

加强对人文教育的重视程度是社会发展的必然需求。当前社会的快速发展，对人才的能力要求越来越高，在很大程度上有效改善了以往只注重专业技能水平，不注重职业素养的状况。当下，社会越来越重视人的本身素质的提高，以及人的负责任的、积极的态度。网络时代下，人文教育的呼声日渐高涨，在这一形势的要求下，有必要去改变当前高校的教育模式，将道德修养、人文教育等内容融入教学过程中。

　　加强人文教育不仅对学生个人会产生深远的影响，也会对社会产生巨大的影响。提高对人文教育的重视程度是社会发展的需求，也是符合我国新课程改革教学要求的需要。随着我国新课程改革和素质教育的贯彻落实，人们对高校的日常教学有了更高的要求，改变了以往的教学观念，开始注重人文精神的培养，正因为如此，人们不断呼吁应加强人文教育。当前的高校英语教学模式必须与时俱进，在原有的英语教学基础之上，有效融合人文教育，让英语教学成为人文教育的载体，也让人文教育为英语教学提供更多的精神和底蕴，使人文教育与英语教学有机统一。

　　加强人文教育是当前教育事业改革发展的必然要求。在社会发展进程中，一些高校的教学中出现了一个问题，即注重对学生传递知识和专业技能培训，而忽视了对学生的人文教育培养，也就是只侧重于对学生的"大脑"和"身体"的教育，而忽视了对学生"内心"及"灵魂"的教育。在整个英语教学过程中，对人的知识技能教育及品质道德教育应该是双管齐下的，在教育改革的过程中，重点是促进学生的全面发展，由此也能提高人文教育的重要性。人文教育的提出体现了高校英语教学边界的扩充，概括来说，可以将边界扩充理解为服务范围与数量的不断扩大，以及自身内涵的提升。要实现人文教育与英语教学的有机融合，其基础是人文教育能为英语教育提供精神内涵与底蕴，英语教学又为实现人文教育提供了必要载体，二者是互相促进的关系。

二、人文教育与高校英语教学相结合的实施策略

在高校英语教学过程中有效渗透人文教学是非常有必要的，这符合英语教学的发展需求，不仅可以丰富课堂教学内容，激发学生的学习热情，还可以培养学生树立良好的人文修养。笔者经过深入研究和探讨，提出将人文教育与高校英语教学相结合的实施策略。

（一）树立良好的人文教育观

在高校英语教学中渗透人文教育，就必须更新传统的人文教育观念，并树立良好的人文教育观。而树立良好的人文教育观，可以从学校、教师和学校组织三个方面进行。首先，学校要转变教学理念，在英语教学中更加注重人文教育的渗透，对学生进行人文精神的熏陶，积极营造富有人文气息的教学环境。其次，教师要充分发挥辅助作用，从实际教学出发，逐渐培养学生养成良好的人文修养。最后，学校的各种社团组织应当发挥带头作用，向学生传播更多的人文精神，以此潜移默化地将人文教育渗透到英语教学中。

（二）提高教师的人文素养

教师的人文素养决定着学生人文素养的养成，教师在课堂教学中的定位非常重要，教师既是人文文化的传播者，也是人文氛围的营造者，因此教师在培养学生人文素养方面发挥着重要的作用。如果要在高校英语教学过程中融合人文教育，就需要提高教师的人文素养，只有教师不断地增强自身的人文素养，才能提高自己的人文魅力实现言传身教，才可以培养学生养成良好的人文修养。要积极转变教师的观念，让教师用自己的人格魅力去影响学生的学习态度和思想。教师在教学过程中，既要培养学生的语言技能和交际能力，又要关注学生的道德伦理观念。因此，英语教师课程讲授目标就不能局限于讲授英语课文中出现的语言点、语法及听说训练，更要注重向学生传授

课文中包含的人文知识，这样才能使学生对课文中包含的道理有更深刻的理解，在进行其他训练时学生就会有感而发，全面提高学生的听、说、写的能力。

（三）从教材中挖掘人文教育

英语作为一门实用性很强的学科，具有较浓的人文气息，使学生能够感受到不同国家的人文历史和人文精神。而当前高校英语教材中涉及的内容很广泛，具有多个国家的文化活动、历史文化及生活习惯等，这些内容丰富的英语教材资源蕴含着诸多的人文情怀。因此，英语教师要以英语教材为基础，熟练地掌握教材内容，对教材中的人文因素进行提炼，以多元化的教学方式，将教材内容与人文教育相结合，激发学生的学习兴趣，不断地对学生进行人文精神的熏陶，加深学生对人文精神的认识，让学生在实际生活中根据人文精神的要求来约束自己，时刻以人文精神来塑造自己的人格。

（四）培养学生的人文修养

学生是教学的主体，因此在教学过程中应突出学生的主体地位，以学生的身心健康为基础，潜移默化地指导学生建立人文精神体系，逐步培养学生的人文修养。在英语教学过程中，要让学生对人文精神有一定程度的了解和掌握，逐渐实现从量变到质变的过程。与此同时，可以采用多媒体教育手段，这样不仅能够突出学生的主体地位，不断地拓宽学生的人文视野，加强对学生人文修养的培养，还可以让学生通过多媒体平台，去接触不同国家的历史和人文精神，让学生在网络环境中提升人文修养。

目前，很多学生对输出性训练都不重视，而是将学习重点放在了词汇背诵和英文阅读上。英语教师经常会发现学生在英文写作方面存在很大的困难，主要原因是学生们不知道怎样围绕某个题目而展开来写，只是围绕着一两个观点进行反复论述。不仅如此，由于年龄和社会经历等影响，学生们还对很多事物的认识还都不清晰，这就要求教师在提高自身人文素养的同时，也要不断提高学生的人文修养，帮助他们形成对事物的正确认识。从教育的整体目标来看，这比让学生多背单词更重要一些。因此，教师应该认识先到这一点，然后才能将其体现在教学过程中。

（五）帮助学生形成正确的认识

在备课时，教师要深入挖掘教材，不能浪费这些良好的人文教育素材。学习不是一件轻松的事，但只要足够努力，就能从中感受到快乐。目前，一些学生对学习抱有侥幸心理，希望通过某种所谓的方法达到1个月背诵1 000个单词，4个月就能考过四级，半年就能将英语说得顶呱呱的目标。而事实上，这是违背学习认知规律的，对学生来说是无益的。因此，英语教师要让学生认识到那些所谓的英语学习捷径是不正确的，必须引导他们通过正确的方法来进行学习，要对社会上出现的事物、学习方法等有自己的看法和正确的认识，不能盲目跟风、人云亦云，这才是大学生应具备的素质之一。

（六）引导学生建立人文精神体系

从某种层面上看，人的价值观体系与人文精神体系是一致的。人文教育的主要目的是让学生形成正确的人文精神体系，用来指导实践活动，使自己变得更优秀。形成人文精神体系是人文教育的终极目标，也是学生了解和认识人文精神后完成量变到质变的完整过程，是人文学习的最终成果。但在当前的人文教育过程中也有诸多问题存在，尽管学生了解了人文精神，而实质上并没有形成一个切实的、深刻的人文精神概念，在实际生活中无法运用人文精神。一些学生已经充分认识、理解了人文精神，但并没有触及人文精神的实质，这也促使教师将其引导作用充分发挥出来，帮助学生整理与归纳所学到的人文知识，最终形成一个完整的构架体系，也有利于学生将人文精神运用到实际生活中去，真正发挥人文教育的应有作用。

总而言之，将人文教育与高校英语教学进行有效融合是时代的潮流，是符合我国高等教育发展的需要。因此，高校应当帮助树立良好的人文教育观，营造良好的人文教育氛围，高校英语教师要积极提升自身的人文素养，结合英语教材内容开展人文教育，积极将人文教育渗透进高校英语课堂教学的过程中，以此来丰富英语教学的内容，提高教学的质量，促进学生英语学习能力的提高，增强学生的人文素养。

此外，人文教育是市场经济发展的需要。教师在课堂教学中，可以渗透一些与文化素质教育相关的内容，并在整个过程中都要贯穿对学生的人文精神和科学精神的培养，实现教书育人的目的，确保学生在学好英语的同时，不断提高自身的文化素质。

第五节 启发式教学在高校英语教学中的应用

当今社会对高校学生外语水平的要求越来越高，因此教师应该进行启发式教学，帮助学生增强学习英语的热情，提高学生的综合能力。本节列举了一些启发式教学在高校英语教学中的应用，阐述了启发式教学在高校英语教学中的意义。

高校英语教育应注重全面提升学生的英语综合运用能力，增强学生的人文素养，培养具有国际视野的人才，更好地适应时代的发展，从而实现工具性和人文性的统一。然而，一些高校学生将高校英语"边缘化"，认为只有学好理工科类的课程才是"硬道理"，他们往往不会花很多时间去学习英语，所以他们的英语语言使用能力较弱，流利性也不够，思维深度更是欠缺。为改变这些情况，高校英语教师应该有针对性地提高学生的综合能力，培养他们的学习兴趣。

一、启发式教学的内涵

启发式教学不仅是教学方法,更是一种教学思想,是教学原则和教学观。启发式教学就是根据教学目的、内容、学生的知识水平和知识规律,运用各种教学手段,采用启发诱导办法传授知识、培养能力,使学生积极主动地学习,以促进身心发展。启发式教学发挥作用的手段是任课教师根据教学的内在规律,在教学过程中持续有效地激发学生学习新知识的欲望,引导协助学生们的思维活动一直处于主动的状态之中,进而有效保持学生学习新知识的主动性和参与课堂的积极性。布鲁纳认为,学习者不是被动地去接受知识,而应该主动地获取知识。因此,高校英语教师应该充分认识到每个学生的重要性,尊重学生,了解学生的心理,努力去营造轻松和谐的学习氛围。

二、启发式教学的应用

(一)创设情境

教师在导入课文的时候,可通过把学生带入课文情境中去,也可以在课文讲授的过程中,根据文章内容创设情境,使得学生能够更好地理解作者的意图。

英语教师在使用启发式教学给学生创设情境的时候,要充分了解学生的心理状态和生活状态,然后创造出合适的情境,将他们带入情境中,从而启发他们认真深入地思考问题,对所学的内容有更深刻的理解,跳出课本思维,形成自己的批判性思维。

(二)激发兴趣

平庸的教师给学生讲授知识,好的教师会给学生解释知识,优秀的教师会给学生演示知识，而真正伟大的教师则会激发学生的学习兴趣、启迪学生自主学习。兴趣永远是学生最好的老师，没有兴趣的学习，只能是机械的考试工具，而且很容易学过了就忘记了，难以产生持久的效果，因此教师需要帮助学生激发学习兴趣，使他们从被动地接受知识变成真正地想要学习知识，提高他们探索未知的能力。在教学过程中，教师可以利用学生的求知欲设置难度适当的悬念，启发学生主动去探索知识，可以利用学生对新鲜事物的好奇心设置趣味性问题，启发学生主动去获取知识。

教师通过刺激学生的学习兴趣，调动学生主动学习的内在动力，提高学生的学习能力，也能够启发学生的思维，受益终身。

（三）讨论启发

所谓的讨论启发，就是在教学过程中，将学生分组，设置一定的开放性问题，引导学生在组内大胆表达自己的想法，碰撞彼此的思想，分享经验，相互交流，积极地参与课堂。

通过讨论法启发学生的学习，教师需要将学生要讨论的内容说清楚、讲明白，使学生带着明确的目的相互讨论。在讨论的过程中，教师不仅要监督学生确保他们是在用英文讨论，还要给予相应的启发和帮助。讨论法的使用，充分发挥了学生的主体作用，弱化了"教与学"的上下级关系，通过学生间的交流和互相促进，不仅有助于构建活泼、和谐的课堂氛围，还能够提高学生的学习动力，使他们能够自然地掌握知识和能力，将学到的东西内化于心。

（四）开放式作业

课后练习是教学过程中一个重要环节，学生要在课后花费一定的时间和精力去巩固知识、拓展知识面。启发式教学要求教师不拘泥于传统的教学思想、让学生背单词和做题，而是要采取更多样性的教学活动，让学生对课后作业不反感。教师可布置一些合作式的作业、实践性较强的作业等让学生去完成，避免学生机械地记忆英语知识。

　　启发式教学打破了传统教学中单纯的"教与学"的模式，教师不再是课堂上的"独唱者"，而是形成了以学生为主体的教学模式。启发式教学能够让学生产生对英语的学习兴趣，从而促进学生主动获取知识的欲望。此外，通过启发式教学，还能够提高学生自主学习的能力、创新能力及科研学术能力，培养学生的批判性思维。

参 考 文 献

[1]张学新.对分课堂：大学课堂教学改革的新探索[J].复旦教育论坛，2014，12（5）：5-10.

[2]汪军，严晓球.近十年来国内大学英语大班教学研究综述[J].教育学术月刊，2011（11）：105-106.

[3]杨淑萍，王德伟，张丽杰.对分课堂教学模式及其师生角色分析[J].辽宁师范大学学报(社会科学版)，2015，38（9）：653-658.

[4]张博雅.对分课堂：大学英语课堂教学改革的新思路[J].科学与财富，2015（12）：803.

[5]柴霞.基于"对分课堂"的大学英语教学实践与反思[J].佳木斯职业学院学报，2016（6）:310.

[6]谷陟云.罗杰斯的人本主义教育观及其启示[J].现代教育科学，2009（10）：76-78.

[7]陈爱梅.人本主义学习理论及其对外语教学的启示[J].辽宁师范大学学报，2003（2）：28-30.

[8]王健芳.外语教学改革与实践[M].南京：南京大学出版社，2016.

[9]孙立伟，韩霞.对数字化教学资源建设的思考[J].新西部（下半月），2007（10）:276.

[10]杜振华.英语资源服务器及网络语音室的安全管理及实践[J].中国科教创新导刊，2008（17）：162.

[11]李建萍.分级教学背景下大学生英语词汇学习策略的调查和分析[J].黄山学院学报，2009，11（4）：100-103.

[12]汤闻励.非英语专业大学生英语学习"动机缺失"研究分析[J].外语研究，2012，33（1）：70-75.

[13]李艳，韩文静.孔子因材施教的教育思想简述[J].吉林省教育学院学报（学科版），2008（4）：79.

[14]刘英爽.国际化背景下大学英语跨文化教育的瓶颈和转型趋势[J].教育评论，2016（7）：115-117.

[15]王汉英，胡艳红，徐锦芬.美国康奈尔大学外语教学观察及思考[J].教育评论，2015（7）：163-167.

[16]秦秀白，张凤春.综合教程 3(学生用书)[M].上海：上海外语教育出版社，2014.

[17]王允庆，孙宏安.高效提问[M].北京：高等教育出版社，2016.

[18]赵周，李真，丘恩华.提问力[M].北京：电子工业出版社，2018.

[19]陈帅.大学英语修辞教学探析[J].湖北经济学院学报（人文社会科学版），2013，10（9）：203-204.

[20]王涛.大学英语教学中英语修辞格的赏析[J].英语广场（学术研究），2013（10）：97-99.

[21]夏俊萍.浅析大学英语教学中学生修辞赏析能力的培养[J].吉林工程技术师范学院学报，2014，30（10）：68-70.

[22]张红.浅谈英语教学中常见的修辞[J].教师，2015（31）：70-71.

[23]邵艳红.系统功能语言学视域下的中小学英语交际教学重建[D].杭州：浙江大学，2017.

[24]莫爱屏.语用与翻译[M].北京：高等教育出版社，2010.

[25]陈晓峰，宋天锡.新思维英语语法教程[M].北京：国防工业出版社，2013.

[26]戴炜栋，何兆熊.新编简明英语语言学教程（第 2 版）[M].上海：上海外语教育出版社，2010.